6080

J. Schiele

Mexico D.F.

26-XII-87

QUETZALCÓATL
Serpiente emplumada

ROMÁN PIÑA CHAN

QUETZALCÓATL
Serpiente emplumada

FONDO DE CULTURA ECONÓMICA
MÉXICO

Primera edición en español,	1977
Primera reimpresión,	1981
Segunda reimpresión,	1983
Tercera reimpresión,	1985

ISBN 968-16-0820-8

Impreso en México

NOTA INTRODUCTORIA

EL INVESTIGADOR mexicano Wigberto Jiménez Moreno, desde cuando menos el año 1946, decía: "El dios Quetzalcóatl ha sido confundido varias veces con el héroe de Tula – Topiltzin, que lleva en cuanto sumo sacerdote suyo, su mismo nombre... entre el Quetzalcóatl de los aztecas y el de los toltecas hay una enorme diferencia, pues entre los aztecas era sobre todo el dios del aire (Ehécatl) y se le había ya confundido con Topiltzin; entre los toltecas parece haber sido un dios del bien y de la cultura, y, antes de ellos, era quizá, como ya lo anticipamos, una divinidad conectada preferentemente con el culto del agua, un desdoblamiento de Tláloc, es decir, que parece había dos advocaciones del dios del agua; una en cuanto rayo y lluvia (Tláloc y su esposa) y otra en cuanto agua que corre (Quetzalcóatl) ... Pero cualquiera que sea su origen, Quetzalcóatl es una deidad más antigua en el Valle de México que los toltecas y su santuario, repetimos, estaba en Xochicalco, aunque más tarde tuvo uno muy importante en Cholula. En Xochicalco fue quizá donde Topiltzin se inició en el culto de este dios".

Independientemente de estas sugerentes hipótesis planteadas por dicho investigador, a la vez que por caminos diferentes, es notable la concordancia que obtuvimos al realizar este ensayo. Trataremos de mostrar, pues, que el dios Quetzalcóatl tuvo su origen en una vieja deidad del agua (la serpiente-nube de lluvia), desde luego asociada al rayo-trueno-relámpago-fuego; que su creación y culto se realizó en Xochicalco (o Tamoanchán) hacia los fines del Horizonte Clásico de Mesoamérica; que sus sacerdotes llevaban sus atributos y su nombre; que uno de ellos llamado Ce Ácatl Topiltzin fue el que llevó el culto de la deidad a Tula, Hidalgo, como otros con el mismo nombre, pero traducido a diversas lenguas, lo llevaron a otras partes; que el Quetzalcóatl de los toltecas fue distinto al de los mexicas, ya que se transformó en dios del aire (Ehécatl); y que desde tiempos cercanos a la conquista española ya existía una cierta confusión respecto al dios y los sacerdotes de su culto, aspecto que se agudizó con los cronistas y estudiosos posteriores.

DE LA MAGIA A LA RELIGIÓN

I. EL MOMENTO DE LAS ALDEAS

ANTES que se integraran las complejas religiones agrarias de las altas culturas mexicanas, que surgieran las verdaderas imágenes de los dioses para el culto y que los sacerdotes gobernaran a la sociedad, las comunidades aldeanas agrícolas vivían en un mundo sobrenatural y mágico, en el que los fenómenos naturales eran gobernados por espíritus, ya que las fuerzas externas que actuaban sobre la vida del hombre eran desconocidas y no podían ser explicadas en otra forma.

Las creencias en lo sobrenatural, en otra vida después de la muerte y en potencias de la Naturaleza regidas por espíritus o seres demoníacos, condujo al desarrollo de la magia y a la existencia de brujos, magos o chamanes que se suponía eran los intermediarios entre el hombre y lo sobrenatural, que mantenían relaciones con los espíritus de las cosas y de los antepasados, que podían controlarlos; y paralelo a la magia estaba el totemismo o culto a los antepasados, generalmente bajo la forma de animales, en el cual la idea de descendencia dominaba las relaciones del hombre con su tótem, ya que éste era como un aliado, un pariente o un antepasado bienhechor.

La ideas mágicas regían la vida de las aldeas agrícolas, pues el trabajo de los campos se ajustaba a la marcha de las estaciones, al devenir del tiempo cíclico, del año dentro del cual transcurría también la existencia del hombre; y así las épocas de siembra y de cosecha eran los momentos culminantes de la agricultura, cuya producción permitía la supervivencia del grupo; pero las fuerzas que actuaban sobre ella eran imprevisibles y desconocidas, sobrenaturales.

En otras palabras, las estaciones tenían que ver con el nacimiento, crecimiento y muerte de las plantas, con el manto vegetal que cubría la tierra, que nacía, moría y se regeneraba de nuevo, periódicamente; mas esa vegetación, que era al mismo tiempo manifestación de la vida, sólo era posible por el sol y la lluvia, por el calor y el agua que actuaban sobre la tierra, fenómenos explicados como fuerzas sobrenaturales ajenas al hombre y que podían ser acompañados por otros fenómenos imprevisibles, como sequías, heladas, inundaciones, etcétera.

Dentro del pensamiento aldeano la vegetación, la agricultura y la vida se relacionaban íntimamente; también se relacionaban varias plantas, el maíz, la tierra y el agua, sin las cuales no habría vida. De igual modo, la mujer era asociada a la tierra, por ser fecunda y generar vida, de manera que el semen del hombre se equiparaba al agua,

11

siendo ambos los agentes que intervenían en la creación vegetal y humana.

En cuanto al totemismo, hay que recordar que éste aparece en los grupos clánicos, y que el clan es una forma de organización social; que el mago, brujo o chamán servía de intermediario entre los hombres y el tótem; que en los ritos y ceremonias los oficiantes —brujos o hechiceros— podían portar los atributos del tótem en su vestimenta, tocados, máscaras, etcétera; que los afiliados a un clan totémico se podían reconocer entre sí por ciertas escarificaciones, tatuajes o marcas; igualmente por diseños pintados sobre el cuerpo y la cara, por el tipo de ceremonias y por motivos especiales en las vasijas, artefactos, etcétera. También podían atribuirse a los espíritus y al tótem ciertas acciones y poderes buenos o malos, entre ellos: producir o quitar las enfermedades, la muerte, el embarazo, el nacimiento, la reencarnación de un antepasado en un niño recién nacido, la protección, etcétera.

Así se explica por qué los grupos aldeanos asociaron la fecundidad de la tierra y de la mujer con el nacimiento de la vegetación y de los niños, y del maíz con los nuevos seres; que la tierra-madre fuera el origen de la vida y que fuese común el modelado de figurillas de barro para los cultos a la fertilidad. Tales figurillas representaban, por lo general, a mujeres jóvenes, desnudas y a veces con pintura facial y corporal: se ponían, por otra parte, como ofrenda a los muertos y campos de cultivo. (*Fig. 1.*)

Estas figurillas, en cierto sentido mágicas, se ligaban al totemismo, al animal protector del grupo y por consiguiente a los recién nacidos dentro del clan, como sucedió entre los olmecas aldeanos que ocuparon Tlatilco y otros sitios de la Cuenca de México; mismos que traían una serie de rasgos sureños como el juego de la pelota, sacrificios humanos, cerámica con adornos excavados o raspados, deformación del cráneo, mutilación dentaria, rapado de la cabeza y otros rasgos más. (*Fig. 2.*)

Estos olmecas aldeanos tuvieron al jaguar como animal totémico, el cual estaba vinculado a la tierra y era el protector de los nuevos hombres, de los niños que asegurarían la supervivencia del grupo; y por ello modelaban las figurillas ahora conocidas como *baby face* o cara de niño, que se caracterizan por sus bocas entreabiertas y desdentadas, casi triangulares y con las comisuras contraídas hacia abajo, de cuerpos bajos y regordetes; las cuales indican un culto a los recién nacidos, al producto de la fertilidad materna, relacionadas a su vez mágicamente con la tierra y el nacimiento. (*Fig. 3.*)

Además de las figurillas de recién nacidos o niños, los olmecas aldeanos dejaron representaciones de magos o brujos ataviados con pelucas y máscaras, de acróbatas y jugadores de pelota, de jorobados y otros seres patológicos; también dejaron máscaras de barro en forma de caras humanas y de animales, entre éstos de jaguar, pato y aves fantásticas, todo lo cual refuerza lo dicho anteriormente respecto a la magia y totemismo que prevalecía en los tiempos de las comunidades aldeanas. (*Figs. 4, 5, 6.*)

De hecho, las figurillas con caras de niño definen al arte olmeca, obsesionado por el aspecto felino de jaguar y el origen de la vida, por la dualidad tierra-madre o jaguar-niño. Así, en la misma cerámica aparecen una serie de vasijas decoradas con los rasgos del animal totémico por excelencia, el jaguar, por lo general realizados por la técnica del excavado o raspado, cuya inspiración se observa objetivamente en la piel de jaguar que lleva a la espalda un brujo o mago de esos tiempos, es decir, en una figura hueca de barro, procedente de Atlihuayán, Morelos, que muestra las garras, manchas, cejas, etcétera. (*Fig. 7.*)

Dentro de los rasgos mencionados sobresalen las garras del jaguar, a veces representadas con algo de realismo, pero por lo general esquematizadas y abstractas, algunas con cinco dedos, como copiando la mano humana que vincularía, en este caso, al hombre con el jaguar; pero también hay representaciones de manos francamente humanas, con la palma vista de frente o con tres dedos cuyas uñas están claramente marcadas, todo esto tal vez reminiscente del sacrificio humano que practicaban los olmecas, como lo era el desmembramiento de partes del cuerpo y el corte de cabezas y manos. (*Fig. 8, a.*)

Otro elemento o rasgo del jaguar era la mancha de la piel. Generalmente se representaba dicha mancha por medio de una X, aislada o combinada con otros atributos del animal, libre o enmarcada dentro de cuadretes variables; también podía estar indicada por una especie de rombo estrellado, solo o combinado con una serie de líneas en cuadrícula o curvas incisas. (*Fig. 8, b.*)

Por su parte, la encía superior del jaguar era representada por medio de pequeños rectángulos, cerrados o abiertos en su parte inferior, en número de dos y tres, a menudo ligeramente curvos y con los extremos aguzados o en punta (*Fig. 8, c*); mientras que las cejas del animal se parecían a crestas o flamas, ondulantes o curvilíneas, hechas por medio de anchas líneas incisas. (*Fig. 8, d.*)

Todos estos elementos del jaguar aparecen en la cerámica de Tlatilco y Tlapacoya, Estado de México, lugares en donde se asentaron grupos de olmecas aldeanos, aunque también están presentes en otros sitios contemporáneos (Chalcatzingo, Yautepec, Las Bocas, Etla, etcétera); pero en Tlatilco hay otros motivos decorativos en la cerámica, también significativos, entre ellos: ganchos o grecas rectangulares, eses (SSS), bandas entrelazadas a manera de cuerpos serpentinos, flores de tres, cuatro o cinco pétalos, mazorca de maíz parecida a una flor, etcétera. (*Fig. 8, e.*)

Por estos tiempos, en Tlatilco hay la representación de una serpiente que parece simbolizaba el agua de los ríos o del lago; es decir, una especie de espíritu del agua terrestre, por el hecho de que ciertas serpientes viven en el agua. Esta representación tiene el cuerpo ondulante y escamoso, logrado por medio de la decoración de *rocker-stamp* o mecedora, aunque podría tratarse de pelo o pluma, ya que así se representaba el cabello en algunas figuras huecas *baby face* o cara de niño; en la cabeza lleva crestas, como flamas, tiene un colmillo saliente y la lengua bífida, lo mismo que un ojo inciso, todo ello en forma bastante realista. (*Fig. 9, a.*)

En Tlatilco se observa cómo la garra del jaguar se combina con esa serpiente acuática, para dar nacimiento a una especie de monstruo o dragón ofidiano-jaguar, el cual lleva crestas-flamas en la cabeza, colmillos salientes, encías-rectángulos, cola de garra-jaguar y con una greca o voluta en la unión de la cabeza con el cuerpo. Este dragón fantástico se asociaba al agua y a la fertilidad de la tierra, al líquido precioso que la fecundaba para que germinara el alimento del hombre y la vegetación, si recordamos que el jaguar simbolizaba la tierra, y la serpiente el agua, fusionados en dicho monstruo. (*Fig. 9, c.*)

Por otra parte, el mismo dragón o monstruo serpiente-jaguar aparece representado también en Tlapacoya, un poco más abstracto y geometrizado, pero conservando los rasgos sobresalientes ya mencionados, lo cual podría indicar un momento de mayor desarrollo de las ideas. (*Fig. 10, c.*) Asimismo hay que mencionar una vasija de color gris, procedente de Tlatilco, la cual muestra tal vez a dicho monstruo, con adición de patas como garras y manchas circulares sobre el cuerpo. (*Fig. 11.*)

De todo lo expuesto se concluye que los olmecas aldeanos (1500-900 a. c.) tuvieron al jaguar como animal totémico; lo vincularon con el ser humano; rindieron culto a los niños recién nacidos, preocupados por explicar los misterios de la fecundidad y el nacimiento; a la vez que desarrollaron un estilo artístico propio, centrado en el simbolismo del jaguar, como se observa en la mayoría de las obras que de ellos conocemos.

Dentro del mundo mágico en que vivían concibieron al jaguar como sinónimo de la tierra y a la serpiente como símbolo del agua; de la fusión de ambos nació un dragón ofidiano-jaguar o monstruo sobre-natural en forma de serpiente-jaguar; y éste se volvió expresión del agua fertilizante que fecundaba la tierra, de la cual nacía la vegetación y el alimento del hombre, es decir, la propia vida.

De este modo, el animal totémico y la serpiente adquirieron una nueva forma que explicaba los misterios de la fecundidad y el nacimiento de la vida; esta nueva forma ha de haber comenzado a ser un motivo de reverencia, al cual tal vez se le propiciaba para que fuera efectiva la comunión del agua y la tierra, cosa explicable en una época en que la agricultura jugaba un papel determinante en la economía de esos grupos. Desde luego, ya existía una simbología propia, relacionada fundamentalmente con la agricultura (agua-tierra) y las creencias mágicas, a manera de un lenguaje ideográfico compartido por los olmecas, mismo que llevaría a la escritura glífica.

II. EL MOMENTO DE LOS CENTROS CEREMONIALES

Durante el apogeo de la cultura olmeca aparecen los primeros centros ceremoniales y una casta sacerdotal que desplaza a los brujos o magos, así como una religión saturada todavía de ideas mágicas; en los centros se desarrolla el arte escultórico en piedra y se van fijando ciertos conocimientos intelectuales como el calendario, la numeración y la escritura jeroglífica; las poblaciones aldeanas comienzan a tributar excedentes económicos para el sostenimiento de los centros, en donde va surgiendo una nueva sociedad orientada hacia la vida urbana o de ciudad. Ahora esta sociedad piensa en forma distinta a la de una comunidad aldeana, tiene un concepto diferente de su mundo, crea otras ideas y representaciones simbólicas, aunque partiendo de la etapa anterior; y así las fuerzas o fenómenos naturales se van corporizando, van tomando forma y ubicándose en puntos, lugares o regiones determinadas, de las cuales nacerán los verdaderos dioses.

Es bien conocido cómo en la región olmeca de la Costa del Golfo (Tres Zapotes, San Lorenzo, La Venta, etcétera) se labran enormes altares monolíticos con representaciones de sacerdotes de un dios jaguar (tierra), saliendo de la boca o de las entrañas de ese animal, con niños en los brazos (fertilidad y nacimiento); lo mismo que altares con figuras, en bajorrelieve, de madres y niños con la cabeza deformada y hendida en forma de V, que marca la fontanela bregmática de los recién nacidos, el punto en que late la vida. Y cómo se tallan también grandes cajas de piedra, a manera de recipientes ceremoniales para recoger el agua que fecunda la tierra; esculturas humanas sin cabeza y brazos (que indica todavía la costumbre del corte de cabeza y manos); columnas de piedra basáltica, a veces con el relieve de una mano cortada; cabezas colosales, como retratos de los jefes-sacerdotes que murieron decapitados al perder en el juego de pelota; y otras muchas obras artísticas monumentales. (*Figs. 12, 13.*)

Dentro de las espléndidas obras escultóricas de los olmecas teocráticos encontramos también pisos de mosaico de piedras verdosas que adquieren la forma esquematizada de la cara del jaguar, los cuales se encontraban enterrados por debajo de plataformas hechas de adobes cuatrapeados y delimitados con bloques de basalto a manera de empalizadas, como si se tratara de un culto secreto o entierro sagrado del dios-tótem (La Venta); lo mismo que lápidas, estelas y figurillas que muestran los conocimientos del calendario, numeración y escritura jeroglífica, entre ellas: una lápida con la representación de un personaje que lleva una bandera en la mano, junto con glifos en forma de huella de pie humano, trébol y cabeza de ave (La Venta) ; una figurilla con cara humana y pico de pato o lengua colgante que lleva una inscripción calendárica referida al año 162 d. c. (Estatuilla de Tuxtla) ; lápidas de danzantes acompañadas de jeroglíficos y numerales (Monte Albán) ; y una estela con el mascarón o rostro del dios jaguar por un lado y la fecha 31 a. c. por el otro, en numerales de puntos y barras (Tres Zapotes). (*Fig. 14.*)

Como decíamos, las creencias de estas nuevas sociedades se revelan en la riqueza de su simbología y en las representaciones artísticas, pues a lo anterior hay que agregar la presencia de una serie de hachas ceremoniales talladas en piedras verdes semipreciosas, a veces cortadas longitudinalmente para obtener dos mitades iguales; y en ellas puede verse al dios jaguar antropomorfizado, con la cabeza hendida en forma de V, cejas como crestas flamígeras, boca con las comisuras hacia abajo y manos humanas sobre el pecho; lo mismo que sacerdotes de la deidad con especies de máscaras jaguarescas, portando antorchas y manoplas como pequeños yugos con agarraderas, tal como se ve en algunas esculturas de sacerdotes, todos ellos con la típica hendidura en forma de V sobre la frente o cabeza. (*Fig. 15.*)

Todo lo anteriormente citado nos da una idea de la creciente complejidad de las creencias de esos tiempos, elaboradas por el naciente sacerdocio y la religión que partía de los centros ceremoniales; pero ello fue posible por los conceptos desarrollados en el periodo anterior, por las comunidades aldeanas, ya que en las obras escultóricas en piedra vemos la continuación de rasgos como: encías-rectángulos, manchas de la piel en X, cejas-crestas flamígeras, hendidura en V, garras, culto a los niños recién nacidos, decapitación y corte de manos, juego de la pelota, concepto de la tierra-jaguar, fecundidad materna y terrestre, etcétera.

En el arte lapidario de estos tiempos hay algunas esculturas de tipo realista, cuyo simbolismo religioso puede ser captado de inmediato, relacionadas con el dios jaguar, la tierra, el agua, la agricultura, etcétera. Así podemos mencionar una lápida procedente de La Venta, Tabasco, en la cual se observa un personaje con yelmo de serpiente que le enmarca la cara, con una bolsa de copal en la mano derecha, en posición sedente y resguardado por una enorme serpiente de cascabel, enhiesta y desafiante, la cual tiene crestas en la cabeza. El personaje lleva braguero y capa corta, muñequeras y ajorcas; en su tocado aparecen las típicas XXX o cruces, y por detrás de la nuca se ve un círculo que podría ser el numeral uno, ya que el yelmo tapa las orejas y descarta la posibilidad de que fuera la orejera. (*Fig. 16.*)

Desde el punto de vista interpretativo, el personaje representa a un sacerdote de la deidad del agua, concebida como una serpiente de cascabel; es decir, al intermediario entre el hombre y la deidad dispensadora del agua preciosa, al hacedor de lluvia, por llevar en el tocado los atributos de serpiente y jaguar simbolizados por las manchas de ese animal, las cruces o XXX (agua-tierra). O sea que ahora tenemos un nuevo concepto religioso relacionado con la tierra y el agua, esta última no ya como serpiente acuática, sino terrestre o de cascabel, de modo que el sacerdote o individuo sería el símbolo del poder de hacer la lluvia o el agua y la serpiente el símbolo de ese poder mágico.

En otras palabras, aquí tendríamos la antropomorfización del concepto serpiente-sacerdote; o sea de la deidad dispensadora del agua o lluvia, ubicada en el Cielo, así como de su intermediario en la Tierra.

Al respecto hay que mencionar que en Chalcatzingo, Morelos, se han encontrado varios relieves grabados, por lo general con bastante realismo, sobre rocas naturales. En una de esas rocas puede verse la representación de nubes y gotas de agua cayendo a la tierra, espigas vegetales que simbolizan la vegetación, la tierra representada por medio de una boca de jaguar vista de perfil y con un ojo en X, de la cual salen volutas y ganchos hacia el frente; a la vez que dentro de la boca del jaguar, como si fuera una caverna, se encuentra un personaje o sacerdote sentado, vestido con braguero y capa corta, el cual sostiene una barra de mando, decorada con una S. Desde luego, la escena se relaciona claramente con el Cielo-agua celeste o lluvia, y con la Tierra-jaguar y vegetación, así como con el intermediario terrenal. (*Fig. 17.*)

En Chalcatzingo, que fue ocupado por los olmecas, hay otro relieve que muestra una escena ceremonial relacionada con la agricultura, pues en ella se ven a cuatro individuos ataviados con tocados de espigas vegetales y adornos en forma de cruces o XXX, con máscaras de aves fantásticas, con bragueros y capas cortas; dichos personajes llevan implementos agrícolas como bastones plantadores y ramas vegetales o cañas de maíz en las manos; de modo que en este lugar ya están patentes una serie de conceptos religiosos, entre ellos: las representaciones de la tierra como una boca de jaguar vista de frente o de perfil y con espigas vegetales que indican la vegetación hacia los cuatro puntos cardinales; nubes de lluvia con el agua cayendo a la tierra en forma de gotas; vegetación en forma de cañas de maíz, espigas y ramas; lo mismo que elementos florales identificados con el maíz, los cuales aparecen en Tlatilco desde los tiempos aldeanos; se encuentran en La

Venta y se fijan como jeroglíficos del maíz en Monte Albán. (*Fig. 18.*)

En cuanto al elemento serpiente, hay que señalar que en La Venta, Tabasco, además de la que aparece asociada al sacerdote, existen otras representadas con cabezas de aves fantásticas; que en Chalcatzingo, Morelos, hay la representación de una serpiente de cascabel con cuerpo alado y cabeza con pico de ave del que sale una lengua bífida; y que en Oxtotitlán, Guerrero, la serpiente adquiere una forma fantástica, como de cipactli o lagarto alado con lengua bífida. O sea que de la serpiente acuática de Tlatilco, que había dado lugar al dragón serpiente-jaguar, se ha pasado a la concepción de una serpiente-ave, de otro monstruo alado que se ubica en el Cielo y que simboliza la lluvia; dicho monstruo se enriquecerá en Teotihuacan, volviéndose francamente una serpiente-pájaro de plumas preciosas. (*Fig. 19.*)

En otras palabras, el dragón serpiente-jaguar (agua-tierra) que residía en la Tierra por los tiempos de las comunidades aldeanas, se pudo ir adaptando a las creencias populares y mágicas de esos grupos, a las ideas de que podía tener cabeza o cuerpo de serpiente, piel escamosa o con plumas, lengua de fuego, crestas o cuernos, una o varias cabezas, aletas, dientes de lagarto, propiedades de aparecer y desaparecer, de hablar, de metamorfosearse, etcétera: ideas explicables en la mentalidad de aquellos tiempos; y así llegaría a convertirse en una serpiente-pájaro fantástica y celeste, anunciadora de las lluvias fertilizantes, del agua celeste, por lo cual se relacionaba también con la tierra y la fecundidad; a la vez que podía ser el símbolo de lo espiritual (Cielo, lluvia) y de lo material (Tierra, fertilidad, vegetación), es decir, celeste y terrestre al mismo tiempo.

Ubicada en el Cielo, ahora la serpiente se asociará a la lluvia, al agua celeste, al trueno, al relámpago y al rayo por ser fenómenos conexos, lo mismo que a la sequía y a la abundancia, por todo lo cual debe ser reverenciada o propiciada. De ahí también su culto por medio de sacerdotes que son los intermediarios entre el Cielo y la Tierra, que comienzan a portar sus símbolos o atributos, como se ve en varias de las obras lapidarias de los olmecas teocráticos.

Por todo ello decíamos que durante el apogeo de los olmecas se elaboran nuevas ideas y conceptos religiosos, cuyo simbolismo se refleja en el arte de los centros ceremoniales (900-100 a. c.), entre ellos: la existencia de un dios jaguar relacionado con la Tierra y la fertilidad; serpiente de cascabel y serpientes-pájaros que simbolizan la lluvia, ubicada en el Cielo; sacerdotes dedicados a los cultos del jaguar y la serpiente (Tierra-fertilidad y Cielo-lluvia); boca de jaguar vista de frente o de perfil que simboliza la tierra (caverna); nubes de lluvia que cae en forma de gotas para fecundar la tierra (círculos, SSS) ; espigas, ramas, flores, etcétera, como símbolos de la vegetación; ritos y ceremonias agrícolas; sacrificios humanos; numerales de puntos y barras; jeroglíficos (huella de pie humano, cabezas de aves; maíz, etcétera) ; o sea que del totemismo y la magia se ha pasado a la religión, la cual es fundamentalmente agrícola o agraria y está ligada a las primeras observaciones astronómicas, al calendario, al registro del tiempo, a la escritura y numeración; es decir, a una preocupación intelectual avanzada, posterior a la mentalidad de las sociedades aldeanas y típica de los pueblos y centros ceremoniales orientados a la teocracia.

DE LA RELIGIÓN AL MITO

III. EL MOMENTO DE LAS CIUDADES TEOCRÁTICAS

Todo lo anteriormente expuesto no ha tenido otro fin que plantear el desenvolvimiento del concepto de la serpiente: una serpiente acuática, terrestre y algo realista, relacionada con el agua, que se convierte en un dragón serpiente-jaguar, algo abstracto y asociado a la agricultura y a los ritos agrarios (tierra-agua-fertilidad); y un jaguar-serpiente que se va transformando en una serpiente de cascabel terrestre, a la que se agregan alas y cabezas de pájaros o de cipactlis, deviniendo en una manifestación sobrenatural de deidad dispensadora de la lluvia, del agua celeste y de la fertilidad.

Al integrarse la cultura teotihuacana, por los comienzos de la gran urbe, la religión agraria que prevalecía adoptó ese concepto, la serpiente de cascabel con el cuerpo cubierto de plumas preciosas que recuerdan a un pájaro, alada o celeste y al mismo tiempo terrestre, relacionada con la lluvia y el agua que hacía fructificar las semillas en la tierra. Así, en el llamado Templo de Quetzalcóatl, que debería denominarse "Basamento del Pájaro-Serpiente" (quetzalli-cóatl), se observan varias serpientes de cascabel emplumadas, en los taludes de los cuerpos, y otras serpientes con sus cabezas salientes del paño de los tableros, que se alternan con mascarones fantásticos de otro ser o monstruo escamoso.

De hecho, la decoración del frente de este edificio corresponde a dos conceptos distintos pero complementarios, ya que las cabezas de las serpientes de los tableros están orladas de plumas preciosas, lo mismo que sus cejas arqueadas o como volutas, sus narices son realistas y como de jaguar, a la vez que sus bocas abiertas muestran claramente los dientes y colmillos afilados (*Fig. 20*); en tanto que las serpientes de los taludes tienen el cuerpo ondulante, también cubierto de plumas preciosas (verdes, de quetzal), y se asocian a conchas y caracoles marinos.

Por su parte, los mascarones que se alternan con las serpientes en los tableros representan cabezas de un monstruo escamoso, como cuadriculado; tienen sobre el tocado dos círculos o chalchihuites que se relacionan con la lluvia, las cejas son también escamosas y como en S o voluta, sólo muestran la mandíbula superior con dientes y colmillos planos y anchos; monstruo que recuerda, por la textura de su piel, a un cipactli o lagarto. (*Fig. 21.*)

Así, desde el punto de vista interpretativo, las serpientes empluma-

23

das de los taludes representan el agua terrestre, y de ahí su asociación solamente con las conchas y caracoles marinos; las serpientes de los tableros representan el agua celeste o lluvia que cae a la tierra; y el monstruo escamoso simboliza el trueno, el relámpago y el rayo, por lo tanto también el fuego que cae a la tierra, o sea los fenómenos que acompañan a la lluvia.

En otras palabras, las serpientes emplumadas de los tableros (desdoblamiento del pájaro-serpiente) simbolizan la lluvia, la nube de agua que se desplaza por el firmamento; en tanto que los monstruos escamosos simbolizan el trueno-relámpago-rayo y los fenómenos asociados a la lluvia, por lo cual ambos animales fantásticos o dragones celestes ocupan un lugar superior (los tableros) ; mientras que las serpientes emplumadas de los taludes simbolizan el agua que ha caído a la tierra o terrestre (ríos, arroyos, lagos, etcétera), y de ahí su ubicación en un plano inferior.

Como ya hemos dicho, los conceptos del pájaro-serpiente fueron heredados por los teotihuacanos, pero se enriquecieron bajo la guía sacerdotal que gobernaba a la naciente ciudad religiosa y cultural, como se observa en el arte de esos tiempos; y así el pájaro-serpiente (quetzalli-cóatl) adquiere una forma más realista, la de una serpiente cubierta de plumas preciosas, a veces con atributos de jaguar o de cipactli, como se observa en una pintura mural, en la cual aparece ésta con el cuerpo orlado de grecas escalonadas, elemento que simboliza el agua en movimiento. (*Fig. 22.*)

Paralelo al desarrollo de la cultura teotihuacana, la serpiente emplumada o pájaro-serpiente alcanza prácticamente el rango de deidad, pues en la cerámica y pinturas murales es frecuentemente representada; y ésta puede tener uno o dos cuerpos entrelazados, pero con una sola cabeza o cola; las crestas de la cabeza y las cejas se cubren de plumas preciosas; puede llevar en la cabeza algunos símbolos celestes y de poder como ojos estelares, cruces a la manera del jeroglífico Kin (sol) de los mayas y una atadura semejante al glifo maya Pop (estera, poder, señorío) ; de su boca brotan las corrientes de agua que caen a la tierra, llevando semillas divinas que fructificarán para el hombre, a veces enmarcadas dichas corrientes por bandas de grecas que indican el agua en movimiento; y también la deidad pájaro-serpiente puede estar sola o acompañada de la cabeza de un personaje con especie de barba, el cual sería el intermediario o sacerdote de su culto. (*Fig. 23.*)

Pero en el proceso de diversificación y personificación de los dioses, ante el progreso de la religión que se vuelve expresión ideológica de poder, los sacerdotes conciben y crean a un dios de la lluvia, Tláloc, que tenía por oficio la producción del agua, del rayo y sus otros fenómenos conexos; y así el pájaro-serpiente se vuelve el animal-vehículo de ese dios de la lluvia, el medio en que viajaba el dios a través del Cielo, que se manifestaba antes de que el agua bienhechora cayera a la Tierra; o sea que el pájaro-serpiente es la nube de lluvia que se desplaza por la bóveda celeste, por el gran arco del Cielo, mediadora y anunciadora del dios de la lluvia o Tláloc que donará el agua preciosa. A su vez, el monstruo escamoso que representa al rayo-trueno-relámpago se vuelve también animal-vehículo de dicho dios, por acompañar siempre a la lluvia; o sea que ambos animales, a manera de dragones-serpientes del agua y del fuego, son los que anuncian la llegada de Tláloc, el hacedor de lluvia.

En otras palabras, al elaborar los sacerdotes teotihuacanos el concepto de Tláloc como dios personificado de la lluvia, como deidad que producía ese elemento natural y los fenómenos asociados, incorporaron al pájaro-serpiente y al dragón de fuego para lograr una verdadera unidad; aunque tal vez por los dictados de la religión, que necesitaba diversificar la producción de dioses y sus cultos para una sociedad urbana en crecimiento y para las poblaciones aldeanas, tanto Tláloc como el pájaro-serpiente eran adorados separadamente, pero concebidos como partes de un todo.

Desde Tlatilco hasta Teotihuacan (desde las aldeas hasta la teocracia) creemos haber seguido la línea evolutiva de la serpiente y su cambiante simbolismo y significación, desde un ser mágico y espíritu del agua terrestre hasta la deidad nube de lluvia; todo ello a través de las obras de arte que nos dejaron aquellas sociedades y que, desde el punto de vista estético y vistas en conjunto, mantienen una unidad representativa. (*Fig. 24.*)

Ahora bien, algunos investigadores han apuntado que en Teotihuacan ya existía el dios Quetzalcóatl, cuyo símbolo era el pájaro-serpiente o serpiente emplumada preciosa, la cual hemos interpretado como la "nube de lluvia" que transitaba por el firmamento y anunciaba la llegada de Tláloc, el hacedor de agua. En relación con dicho dios hay que recordar que éste era representado como un ser personificado, que se escondía por detrás de una máscara con anteojeras, bigotera y colmillos salientes, que llevaba un tocado de plumas preciosas o un yelmo de ave (lechuza o quetzal), que de sus manos salían las corrientes de agua con semillas que donaba a la Tierra, tal como brotaban del pájaro-serpiente; o también podía aparecer envuelto en una nube con estrellas que indica su ubicación en el Cielo, llevando un tocado de lechuza o quetzal, una voluta de la palabra o canto saliendo de su boca y las corrientes de agua con semillas, brotando de sus manos. (*Fig. 25.*)

Lo anteriormente señalado es importante porque refuerza la relación del pájaro-serpiente con Tláloc, porque la serpiente emplumada es el símbolo del dios o el animal que lo anuncia, por lo cual no podría ser al mismo tiempo símbolo de otro dios llamado Quetzalcóatl; y porque generalmente, por estos tiempos, ya los dioses se conciben con formas humanas, en cuyo caso debía de existir en Teotihuacan alguna representación de dicho dios, que reuniera el concepto de hombre-pájaro-serpiente.

En Teotihuacan, además de Tláloc, hay representaciones de otros dioses como Chalchiuhtlicue, Xipe, Huehuetéotl, Quetzalpapálotl, etcétera, personificados y con funciones específicas; varios de ellos con elementos de una misma simbología que era como un lenguaje ideográfico muy desarrollado, lo cual puede confundirlos. Ahora bien, en esa simbología hay que destacar las representaciones de grecas escalonadas o como ganchos (agua en movimiento), volutas simples o adornadas, floridas (palabra, canto), círculos o chalchihuites (agua, cosa preciosa), jeroglífico del año a manera de un triángulo y rectángulo entrelazados (tiempo cíclico), caracoles emplumados con volutas floridas (aire, aliento divino), estrellas completas o cortadas por mitad (Cielo), nubes estrelladas, quincunce (direcciones del mundo), ojos estelares o de Tláloc, bocas (Tierra), manos (donación, regalo), huella de pie humano (camino, tránsito); lo mismo que flores, montañas, semillas, mariposas, lechuzas, quetzales, plumas, aguililla real, conchas, estrellas de mar, corrientes de agua y muchos elementos más. (*Fig. 26.*)

Esta rica simbología o iconografía puede llevar a confundir a un dios con otro; también a un dios con el sacerdote de su culto, por llevar ambos los atributos y rasgos que los caracterizaban. Así, como ejemplo de lo anterior, podemos citar el caso de la representación de un personaje que lleva como tocado un yelmo de pájaro-serpiente con atributos de quetzal y jaguar, cuya boca enmarca parte de su cara y remata con un amplio penacho de plumas preciosas; lleva una rica indumentaria con cuentas verdes o chalchihuites; en la mano derecha sostiene una especie de estandarte o insignia de rango, con elementos de lluvia o agua, junto con cabeza del pájaro-serpiente; y en la otra mano lleva un escudo rectangular, orlado de plumas, cuyo motivo de decoración son huellas de pie humano y una corriente de agua en movimiento. (*Fig. 27.*)

A mi modo de ver, esta pintura muestra a un intermediario o sacerdote de la deidad pájaro-serpiente, que —como decíamos— era reverenciada separadamente del dios de la lluvia o Tláloc, por lo que porta los atributos inherentes a la deidad, representado de una manera bastante realista, humana. Pero es interesante señalar que en Teotihuacan ya existen representaciones de escudos (combate, guerra), por los finales de la gran ciudad; que los yelmos de animales casi enmarcan las caras de los personajes, acercándose a la idea de que el individuo, su cara, emerge de la boca del animal, y que ya hay el concepto de sacerdote-pájaro-serpiente que puede llevar a la personificación de un dios nuevo.

A diferencia del ejemplo anterior, que es un caso único, tenemos varias representaciones pictóricas de una deidad que se caracteriza por llevar en su tocado el jeroglífico del año, en forma de triángulo y rectángulo entrelazados; así, pues, en una pintura la deidad lleva un antifaz negro (noche, oscuridad, muerte), un tocado con rosetones y el glifo del año, porta un átlatl y tres dardos: al frente de él se observa un águila bermeja o zopilote real y está enmarcada por un rombo de serpientes, con cuatro medallones de plumas y lechuzas con las alas desplegadas, en cuyas colas aparecen triángulos y rectángulos, símbolos del año o tiempo cíclico. (*Fig. 28.*)

En otra representación, la deidad lleva el antifaz sin pintar o blanco (día, luz, vida) y ostenta en su tocado de plumas una especie de sartal de vértebras y el jeroglífico del año; en la mano izquierda sostiene un átlatl con gotas de sangre y en la mano derecha tres dardos; y está rodeada por una serie de huellas de pies humanos que indican su camino o tránsito en el interior de un recinto ceremonial, con plataformas y escaleras que recuerdan la planta de La Ciudadela, tal vez en camino a su casa o templo. (*Fig. 29.*)

En una tercera representación se observa a la deidad con el antifaz pintado de negro, con átlatl y dos dardos en las manos, viajando o desplazándose en una barca y envuelto en una especie de nube; a la vez que hay una serie de flamas o gotas (fuego, agua) y un marco romboidal incompleto, con rectángulos y círculos concéntricos. (*Fig. 30.*)

Desde el punto de vista intrepretativo, esta deidad puede ser considerada como el "Señor del Tiempo", del año cíclico que rige la vegetación y la vida, por el triángulo y rectángulo entrelazados de su tocado, que es el jeroglífico del año; pero por su antifaz negro es una deidad nocturna, la cual tiene que ver con el Cielo estrellado, la muerte, el inframundo y la oscuridad; por su antifaz blanco o sin pintar es también una deidad diurna, relacionada con la luz, día y Tierra; por su propulsor o átlatl y dardos es un guerrero, que sale victorioso en el combate (átlatl sangrante); mientras que por las huellas de pies humanos puede ser ubicada en la Tierra, y por la barca, nube, aguililla o zopilote real, etcétera, puede ser ubicada en el Cielo: ubicación dual que se refuerza por los antifaces blancos y negros, así como por las lechuzas (noche, oscuridad).

Al respecto, hay que recordar que la agricultura está regida por el tiempo cíclico, por el ritmo de las estaciones; que el trabajo agrícola del hombre se realiza en el interior de un ciclo cósmico y sobre el cuerpo de la Tierra-madre; que el año viejo difiere del nuevo, y que con la llegada de este nuevo año se regenera la vegetación y la vida; además, que el año es principio y fin, comienzo que es primavera, resurrección o nacimiento, y fin que es terminación o muerte; pero muerte como un cambio provisional de la vegetación y de los seres, pues se espera volver a la vida bajo una nueva forma.

Así se explica que los sacerdotes teotihuacanos concibieran a un dios del tiempo cíclico, del año (Señor del Tiempo), a pesar de que tenían a un dios de la primavera (Xipe), del agua (Tláloc), de la vegetación, mantenimientos, etcétera; que hayan concebido a este dios como el señor que regía a los demás de manera completa (dioses con funciones específicas, estaciones, día, noche, meses, etcétera), ajustado perfectamente al calendario anual o solar, y que tuviera por lo tanto la dualidad de ubicarse en la Tierra y el inframundo, lo mismo que en el Cielo; que fuera un guerrero que salía victorioso del mundo de los muertos y que gobernase en la Tierra y en la bóveda celeste, pues vida y muerte eran el destino de la vegetación y de los hombres (sólo que temporalmente, pues siempre había una resurrección en el tiempo).

En cierto sentido este Señor del Tiempo, del año, se puede confundir con Venus o Quetzalcóatl, como la ha interpretado Laurette Séjourné, aduciendo que se trata de la estrella matutina que sale del inframundo, después de combatir en el reino de los muertos, para ascender y ubicarse en el Cielo; pero a mi modo de ver ello es erróneo, pues para que fuera Quetzalcóatl se necesitaría que el dios se asociara a un complejo "hombre-pájaro-serpiente", o que estuviera ligado claramente a la serpiente emplumada que era su símbolo, y a otros elementos iconográficos más explícitos, aspectos que no aparecen en las representaciones comentadas.

Lo que sí es interesante señalar, con referencia al dios del tiempo, son las ideas elaboradas por el sacerdocio en torno a dicha deidad, como el poder ser diurno y nocturno, ubicarse en el inframundo y Cielo, pelear y salir victorioso, asociarse a aves como la lechuza, aguililla o zopilote real, portar generalmente tres dardos, ostentar el glifo del año, usar barcas para su desplazamiento, regir a los demás dioses, etcétera; conceptos o ideas que servirían para crear al dios Quetzal-cóatl o Venus, al "Hombre-Pájaro-Serpiente", cuando la gran urbe teotihuacana tocaba a su fin.

En este sentido, es también muy posible que los teotihuacanos hayan conocido los cómputos astronómicos y matemáticos del Ciclo Venusino que habían desarrollado los mayas, y que conocieran también las propiedades que poseía Venus como aparecer y desaparecer, ya que la gran ciudad mantenía relaciones con los mayas y otras regiones mesoamericanas. Podríamos citar, pues, la existencia de un vaso trí-pode teotihuacano, con soportes de losa o almenados que llevan como decoración —lo mismo que la base de dicho vaso— una serie de estre-llas cortadas por mitad; y como escena principal la cabeza de un per-sonaje que lleva un tocado o yelmo de serpiente emplumada, de cuya boca sale una voluta florida: dicha cabeza descansa sobre una especie de plataforma o banco, cubierta por una estera que podría interpre-tarse como la Tierra, por debajo de la cual hay tres calaveras humanas y estrellas cortadas por mitad. (*Fig. 31.*)

En el caso de este vaso, que corresponde a los finales de Teotihua-can, y por la profusión de estrellas cortadas que aparecen hasta en la banda del tocado, podría pensarse en la muerte o desaparición de Venus en el inframundo o reino de los muertos, concebido como hom-bre con tocado de serpiente: pero también podría ser la representación de la muerte de un intermediario o sacerdote del culto de la serpiente emplumada, cuya idea se incorporaría a un naciente dios venusino que sería Quetzalcóatl.

En resumen, de todo lo expuesto hasta aquí se puede concluir que los dioses nacieron en la mentalidad teocrática para personificar a las fuerzas de la Naturaleza que debían ser conciliadas y reverenciadas; que el pájaro-serpiente o serpiente emplumada se ubicó en el Cielo como símbolo de la nube de agua, de la lluvia; que la serpiente em-plumada se asoció al dios Tláloc y era el animal que anunciaba la lle-gada del dios (lluvia) ; que ambos podían ser adorados separadamente, pero que eran complementarios; que los sacerdotes dedicados a sus cultos llevaban los atributos y simbología de dichas deidades, por los cuales eran reconocidos; y que en esta rica simbología había concep-tos e ideas religiosos ya establecidos, como: jeroglíficos (año, Ollin o movimiento, Kin o sol, Pop o estera, quincunce o cuatro direccio-nes) , caracoles, escudos, átlatl, tres dardos, barcas, aguililla o zopilote real, huella de pie humano, manos, bocas, ubicación dual, etcétera, todo lo cual permitiría la creación de Quetzalcóatl en Xochicalco, Morelos.

IV. EL MOMENTO TRANSICIONAL DE LA TEOCRACIA AL MILITARISMO

POR LOS finales de la cultura teotihuacana se había ya desarrollado una religión politeísta de tipo agrario muy compleja; los sacerdotes, a fin de controlar mejor a las poblaciones en que ejercían su poder, habían multiplicado el número de dioses, algunos de los cuales eran sólo advocaciones o aspectos del mismo complejo agrícola y fenómenos asociados; los problemas internos de la gran ciudad, ante el desmedido aumento de la población urbana, ya no pudieron ser resueltos por la teocracia; las colonias religiosas teotihuacanas se fueron independizando y dejaron de aportar los excedentes económicos requeridos por la capital. De esta manera, Teotihuacan fue entrando a un periodo de franca decadencia, con el consiguiente estancamiento cultural, por lo que cesó el espíritu creador de ese gran pueblo.

Pero en Xochicalco, Morelos, donde existía una población abierta a las influencias de otras culturas y al cambio, se adoptaron una buena parte de las ideas y simbología religiosa de los teotihuacanos, para asociarlas a los conceptos de Venus que habían desarrollado los mayas, a la vez enriquecidos con aportaciones de un grupo de la Costa del Golfo, del rumbo del Centro de Veracruz y la Huasteca: fue, pues, allí donde nació el dios y el culto a Quetzalcóatl; dios que inicia una religión casi monoteísta, misma que ordena y sintetiza los conceptos de una pluralidad de deidades agrarias, como veremos a continuación.

En el llamado Templo de Quetzalcóatl o Basamento de las Serpientes Emplumadas de Xochicalco, aparece como elemento decorativo fundamental el símbolo de la deidad, la serpiente de plumas preciosas o pájaro-serpiente con caracoles cortados sobre el cuerpo (aire, aliento divino), con crestas en la cabeza, lengua bífida y cola rematada en un haz de plumas; o sea la representación de una serpiente alada y divina, asociada al Cielo y al viento. (*Fig. 32.*)

Entre las ondulaciones del cuerpo de la serpiente hay sacerdotes sedentes u oficiantes de su culto, ataviados con tocados o yelmos en forma de cabezas de serpientes, cuyas plumas rematan en cuentas verdes o chalchihuites preciosos. También hay grandes jeroglíficos ornamentales, leídos como 7 y 9 Ojo de Reptil o Viento (Ehécatl), el primero alusivo a la fecha de nacimiento de Quetzalcóatl y el segundo a su nombre calendárico. (*Fig. 32.*)

Estas serpientes, en número de ocho, se encuentran dos a dos en los taludes de cada lado del basamento; están labradas en relieve sobre grandes bloques de pórfido traquítico; y en la ondulación de la serpiente situada a la derecha de la escalera, en el lado poniente, puede verse el jeroglífico 5 Calli (casa), detrás del cual parece ocultarse una persona, y ésta tira o jala con una cuerda al jeroglífico 11 Ozomatli (mono), como queriendo juntarlo a otro glifo con numeral 5, sobre el cual se apoya su mano derecha. Esto indica la corrección o ajuste del calendario del lugar con el de otros pueblos, ya que los numerales 5 corresponden a dos sistemas (barra-maya y cinco puntos-nahua, o como se acostumbraba entre zapotecos y mixtecos antiguos), lo mismo que los jeroglíficos o escritura. (*Fig. 33.*)

Sobre la cornisa del basamento hay una serie de personajes sedentes, separados por franjas verticales decoradas con ganchos o entrelaces al estilo de El Tajín, Veracruz, con tocados que llevan el símbolo del año (triángulo y rectángulo entrelazados), además de barbiquejos, nariguera de barra tipo huasteca, bragueros y bolsas de copal; personajes que son sacerdotes del "Señor del Tiempo", los encargados de su culto, pero aquí indican la vinculación o asociación de esa deidad con Quetzalcóatl, por ser éste el que tiene que ver con el calendario, el tiempo anual. (*Figs. 34, 35.*)

De hecho, en este edificio de Xochicalco toda su decoración tiende a exaltar el culto a Quetzalcóatl, por medio de un simbolismo que recuerda bastante a Teotihuacan (serpiente emplumada, caracoles cortados, glifo del año, Señor del Tiempo, escudos rectangulares, tres dardos, zopilote real, barcas, etcétera), junto con elementos propios del lugar (coyote o perro, templo con ojo venusino, recipientes con flamas, árbol cortado sobre una plataforma tipo tajinesco, etcétera); y podemos mencionar que en el propio templo del basamento, cuyo estilo arquitectónico tiene talud y muro vertical, hay una escena incompleta sobre la jamba de entrada, en la cual se ven dos personajes: el primero con sandalias anudadas al frente y cintas atadas a las piernas, con un escudo rectangular del cual salen plumas colgantes; en tanto que el segundo, a nivel un poco más alto pero detrás del primero, lleva un braguero sostenido por un cinturón como yugo. Dicha escena puede referirse a Quetzalcóatl y a su gemelo precioso, Xólotl; o sea al planeta Venus como estrellas matutina y vespertina. (*Fig. 36.*)

De Xochicalco hay que destacar la construcción de este basamento-templo, que es el único decorado en el lugar; que ello fue así porque conmemora la creación y culto del dios Quetzalcóatl o Venus en el sitio; que todo el simbolismo de su decoración tiene que ver con la deidad; que los sacerdotes llevan los atributos del dios y que el Señor

del Tiempo se incorporó a la religión del dios como una de sus advocaciones; que en el basamento se dejó constancia de un ajuste o corrección de calendarios; y que el estilo artístico de los relieves tiene influencias de la Costa del Golfo, especialmente del Centro de Veracruz
o de El Tajín, sumado a elementos teotihuacanos, mayas, zapotecas,
nahuas y mixtecas antiguos.

En apoyo a que en Xochicalco se creó la religión y culto a Quetzalcóatl podemos mencionar el hallazgo de tres estelas bellamente
labradas, guardadas celosamente en una caja con paredes de piedra,
situada al frente de un templo de la Estructura A (Templo de las
Estelas) ; esculturas que revelan los conceptos religiosos tejidos en
torno a Quetzalcóatl, basados fundamentalmente en las ideas mayas
del Ciclo Venusino que matemáticamente habían establecido. (*Fig. 37.*)

En la Estela 1 observamos, de abajo arriba, dos manos extendidas y
juntas (donar, regalar), una boca de jaguar (inframundo) y una banda celeste decorada con cruces y atados de plumas que se asocian a
Venus y a su carácter precioso. A continuación aparece la efigie de
Quetzalcóatl saliendo de las fauces de una serpiente, con orejeras en
forma de caracol cortado, representación de Venus como estrella matutina o Tlahuizcalpantecuhtli, Señor del Alba; y sobre él se ve al jeroglífico 7 Ojo de Reptil o Viento que indica la fecha de su creación
o nacimiento. (*Fig. 38,* A.)

En conjunto, este frente de la estela muestra la aparición de Venus
como estrella matutina (Tlahuizcalpantecuhtli) que emerge del mundo de los muertos, del inframundo u oscuridad; o también que del
fondo de la Tierra sale Venus como estrella de la mañana para iniciar
el Ciclo Venusino en el Poniente. En este caso hay que recordar que
Quetzalcóatl, el hombre-pájaro-serpiente, es Venus y por lo tanto tiene
un carácter dual.

En la cara lateral de la estela, de arriba abajo, se observan una serie
de jeroglíficos (atado, solar, 6 Ollin, 9 Calli, 4 Kin o Venus, 5 Ácatl,
13 Tochtli), que indican el tiempo que dura Venus como estrella de
la mañana (*Fig. 38,* B) ; mientras que en la parte posterior de la
estela, de abajo arriba, vemos el jeroglífico 9 Tochtli (conejo), luego
una estera o petate en cuyo centro está el jeroglífico 5 Ácatl (caña)
con dos pies abajo y dos pies arriba, que ascienden a una casa o templo con una flecha al centro, símbolo de conquista. (*Fig. 38,* C.)

Aquí, la estera o petate simboliza la bóveda celeste, es decir, el
Cielo; por ella transita o se mueve Venus en su aspecto dual, o sea,
Quetzalcóatl como Nácxitl o el Cuatro Pies (Tlahuizcalpantecuhtli y
Xólotl, el gemelo precioso) ; el cual conquista su casa en el Poniente,

1. Figurilla de barro relacionada con los cultos a la tierra y a la fecundidad. Tlatilco, Edo. de México.

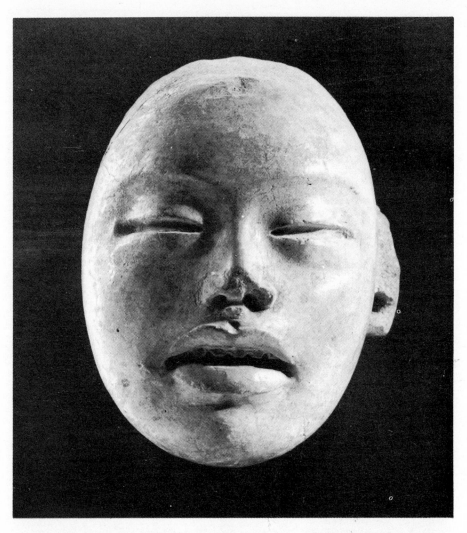

2. Mascarilla de barro olmeca, tipo "cara de niño", con cabeza rapada y dientes mutilados. Tlatilco, Edo. de México.

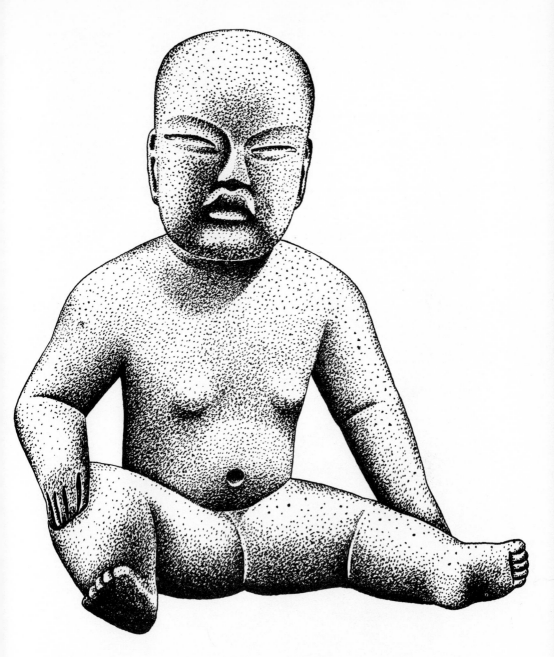

3. Figura hueca del tipo "cara de niño", procedente de Tlatilco, Edo. de México.

4. Figurillas que representan a chamanes o brujos con máscaras. Tlatilco, Edo. de México.

5. Vasija en forma de un acróbata. Tlatilco, Edo. de México.

6. Máscara de barro en forma de cabeza de ave. Tlatilco, Edo. de México.

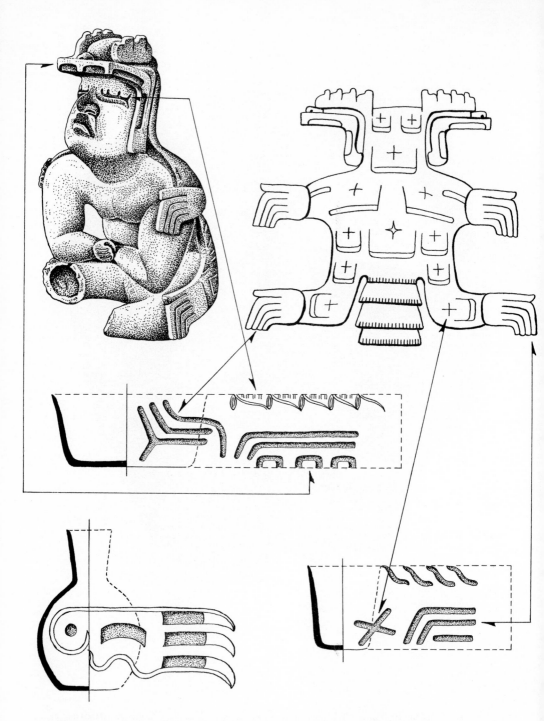

7. Figura hueca de Atlihuayán, Morelos, mostrando a un chamán o brujo con piel de jaguar a la espalda, en la que se aprecian las garras, cejas, manchas y encías, tal como se ven en la cerámica de la época. Procedente de Tlatilco.

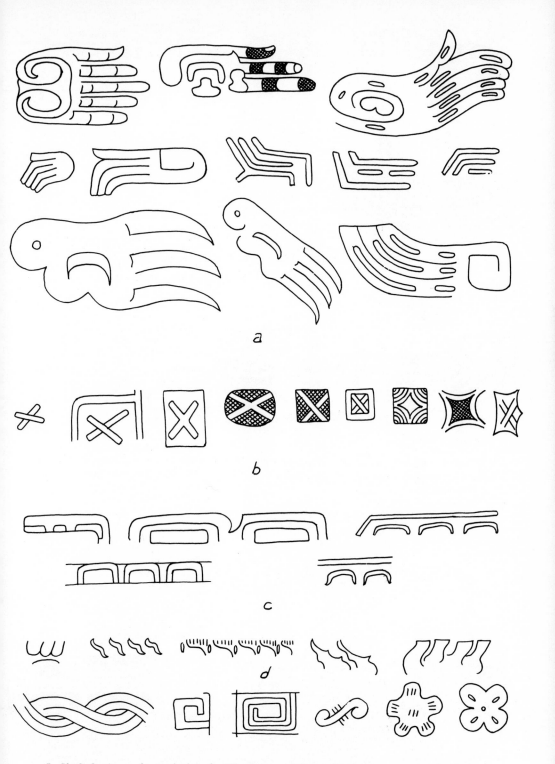

8. Simbología en la cerámica de Tlatilco: *a*) Manos humanas y garras de jaguar. *b*) Manchas de la piel del jaguar. *c*) Encía superior del jaguar. *d*) Cejas del mismo animal. *e*) Serpiente, grecas y flores.

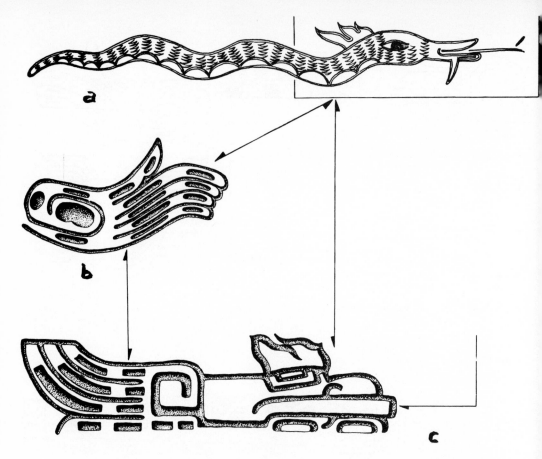

9. Representaciones de: *a*) Serpiente acuática. *b*) Garra de jaguar. *c*) Dragón ofidiano-jaguar que simboliza el agua-tierra o fertilidad. Tlatilco, Edo. de México.

10. *a*) Serpiente acuática. *b*) Dragón ofidiano-jaguar de Tlatilco. *c*) Dragón de Tlapacoya, Edo. de México.

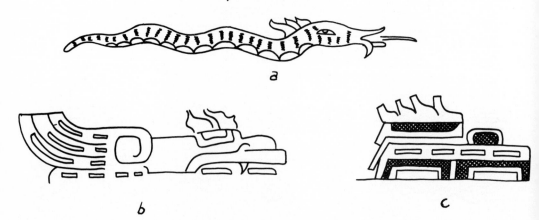

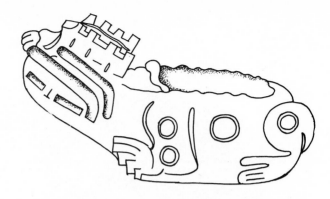

11. Vasija de Tlatilco que representa al monstruo o dragón ofidiano-jaguar.

12. Escultura de piedra con los brazos cortados. Procedente de San Lorenzo, Veracruz.

13. Cabeza colosal de San Lorenzo, Veracruz.

14. Representaciones de: *a)* Lápida de La Venta, Tabasco. *b)* Estatuilla de Tuxtla. *c)* Danzante de Monte Albán. *d)* Anverso y reverso de la Estela C de Tres Zapotes.

15. Representaciones de: *a)* Hacha con figura del dios Jaguar, La Venta. *b)* Escultura d'e un sacerdote con máscara y manoplas, San Lorenzo. *c)* Dos `tipos de manoplas. *d)* Hacha cortada por mitad con la representación de un sacerdote que porta antorcha y manopla, La Venta.

16. Lápida de La Venta, Tabasco, con la representación de un sacerdote del culto a la serpiente alada de cascabel, símbolo de la lluvia o agua celeste.

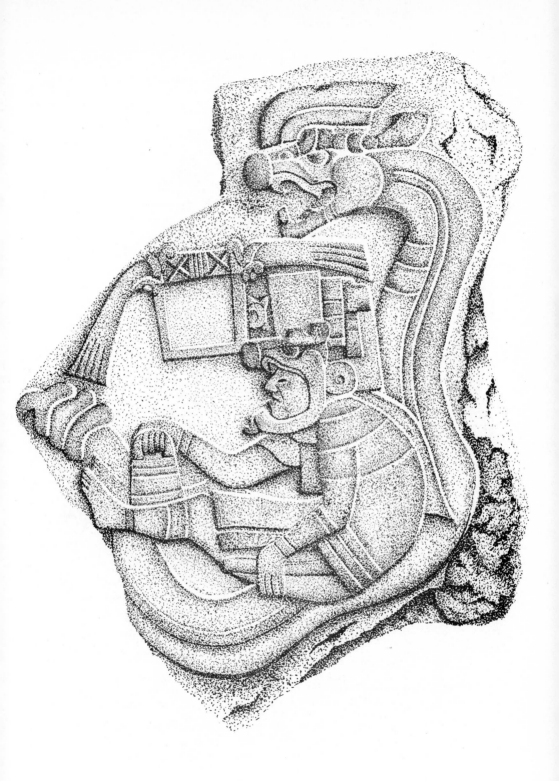

17. Relieve de Chalcatzingo, Morelos, que muestra nubes de lluvia, gotas de agua, tierra como boca de jaguar vista de perfil y vegetación hacia los puntos cardinales, así como un sacerdote del culto a la lluvia.

18. Representaciones de: *a*) La tierra como boca de jaguar vista de frente o de perfil, con vegetación en las cuatro direcciones. *b*) Nubes de lluvia. *c*) Ramas vegetales o maíz. *d*) Glifos del maíz en Tlatilco. *e*) Glifos del maíz en La Venta y Monte Albán.

19. Serpientes-pájaros y monstruos alados: *a* y *b*) La Venta. *c*) Chalcatzingo. *d*) Oxtotitlan. *e*) Teotihuacan.

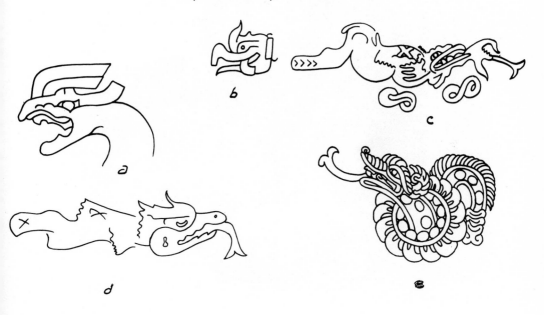

21. Monstruo escamoso o serpiente-caimán del Templo de las Serpientes Emplumadas de Teotihuacan.

20. Cabezas de serpiente emplumada o serpiente-pájaro (quetzalli-cóatl) en el Templo de las Serpientes Emplumadas de Teotihuacan, Edo. de México.

22. Serpiente-caimán de una pintura mural de Teotihuacan, con grecas que indican agua en movimiento.

23. Representaciones de la serpiente emplumada o nube de lluvia en Teotihuacan. En una de ellas la cabeza de personaje barbado representa al sacerdote del culto de esa deidad.

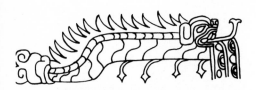

24. Evolución de la serpiente acuática a dragón ofidiano-jaguar, luego a dragones alados o serpientes-pájaros y, por último, a la deidad de la lluvia o serpiente
emplumada preciosa.

25. Representaciones del dios Tláloc o de la lluvia, envuelto en una nube
agua. Pintura mural de Teotihuacan.

26. Elementos simbólicos de Teotihuacan: greca-agua en movimiento; voluta-palabra,
canto; círculo-chalchihuite; glifo del año; caracol-aire, viento; estrellas-Cielo; nube
de lluvia; quincunce-cuatro direcciones y centro; ojo estelar boca-Tierra; manodón,
regalo; huella de pie-camino.

27. Sacerdote del culto a la deidad Serpiente-Emplumada o nube de lluvia. Pintura mural de Teotihuacan.

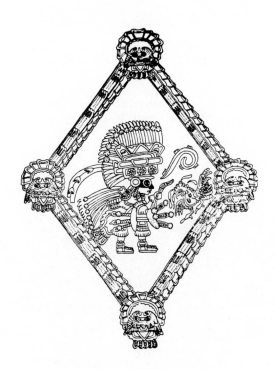

28. El dios Señor del Tiempo dentro de un rombo de serpiente y lechuzas, con el glifo del año. Pintura mural de Teotihuacan.

29. El dios Señor del Tiempo en su aspecto diurno. Pintura mural de Teotihuacan.

30. El dios Señor del Tiempo en su aspecto nocturno, viajando en una barca por el Cielo. Pintura mural de Teotihuacan.

31. Vaso trípode de los fines de Teotihuacan, tal vez relacionado con Venus o con la muerte de un sacerdote de la
serpiente emplumada.

32. Serpiente emplumada con caracoles cortados que simboliza al dios Quetzalcóatl
o Venus (Hombre-pájaro-serpiente), junto con el jeroglífico 9 Ojo de Reptil o Viento,
que es el nombre calendárico de Quetzalcóatl y un sacerdote de su culto. Basamento de
las Serpientes Emplumadas de Xochicalco, Morelos.

33. Detalle de una serpiente emplumada del Basamento de Xochicalco, en la que se ve un ajuste o corrección de calendarios basados en dos estilos de numerales.

34. Detalle del talud y cornisa del Basamento de Xochicalco, en donde puede apreciarse a los sacerdotes de Quetzalcóatl como serpiente emplumada (*abajo*) y como Señor del Tiempo (*arriba*), separados por fajas de ganchos entrelazados **tipo El Tajín, Veracruz.**

35. Detalle de la cornisa del Basamento de Xochicalco,
con un sacerdote que lleva en el tocado el glifo del año
(Señor del Tiempo) y está separado por una franja
estilo El Tajín.

36. Detalle del muro de entrada o jamba del templo a Quetzalcóatl, que muestra
a dos personajes incompletos, los cuales pueden ser Tlahuizcalpantecuhtli (estrella
matutina) y Xólotl (estrella vespertina), o sea al dios en su aspecto dual
(Venus-Nácxitl).

37. Vista de las tres estelas descubiertas en Xochicalco, relacionadas con el dios Quetzalcóatl.

38. Dibujo de la Estela 1 de Xochicalco, alusiva a la creación del dios Quetzalcóatl (7 Ojo de Reptil o Viento), o sea al Ciclo Venusino que pasa de lucero del alba a estrella vespertina.

39. Dibujo de la Estela 3 de Xochicalco, alusiva a la creación del Quinto Sol (Nahui Ollin o 4 Movimiento) en Teotihuacan y descubrimiento del maíz por Quetzalcóatl.

40. Dibujo de la Estela 2 de Xochicalco. Muestra al dios Quetzalcóatl, que se transforma en Señor del Tiempo-Tláloc.

41. Representación de Quetzalcóatl como Nácxitl o el Cuatro Pies, deidad dual, en el Juego de Pelota de El Tajín, Veracruz.

42. Estela o lápida de Acatempa, Guerrero, con la representación del Señor del Tiempo-Tláloc.

43. El Señor del Tiempo-Tláloc en una lápida de Castillo de Teayo, Veracruz.

44. Representaciones de: *a)* Glifo del año en Teotihuacan. *b)* Señor del Tiempo-Tláloc, Xochicalco. *c)* Señor del Tiempo, Teotihuacan. *d)* Nácxitl-Quetzalcóatl, El Tajín. *e)* Señor del Tiempo-Tláloc, Castillo de Teayo. *f)* Glifo del año en Acatempa. *g)* Señor del Tiempo-Tláloc, Uxmal. *h)* Señor del Tiempo-Tláloc, Bonampak.

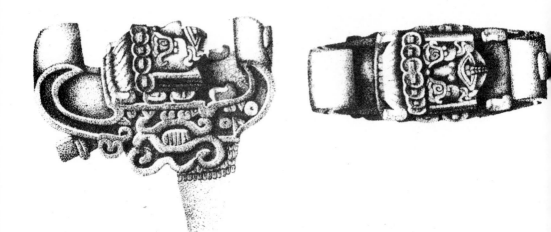

45. Esculturas del Hombre-pájaro-serpiente o Kukulkán saliendo de las fauces de una serpiente preciosa. En una de ellas se ve la cola con crótalos, a manera de lengua colgante. Uxmal, Yucatán.

46. Detalle de los relieves de la banqueta del Juego de Pelota, con personajes que llevan yugos, palmas, nariguera, huasteca, sangre en forma de serpientes, etcétera, relacionados con la decapitación y el culto a Kukulkán o Quetzalcóatl. Chichén Itzá, Yucatán.

47. Detalle del Juego de Pelota con serpiente emplumada realista, sobre la banqueta, y arriba el Templo de los Jaguares, con columnas serpentinas. Chichén Itzá, Yucatán.

48. Templo del Norte o del Hombre Barbado (Kukulkán), cuyo interior está decorado con bajorrelieves alusivos al dios. Chichén Itzá, Yucatán.

49. Anverso y reverso de la Estela de Teotenango, Edo. de México, con jeroglíficos y numerales al estilo de Xochicalco.

50. Piedra-Clavo de Teotenango, en forma de estrella con ojo venusino.

51. Detalle del Templo de Tlahuizcalpantecuhtli en Tula, Hidalgo, con representación de Quetzalcóatl, a manera de Tláloc, saliendo de las faúces de una serpiente emplumada.

52. Representaciones de personajes que llevan el culto de Quetzalcóatl a la región maya: *a)* Teotihuacan. *b)* Seibal. *c)* Mul Chic. *d)* Chichén Itzá. *e)* Uxmal.

53. Representaciones de: *a)* Quetzalcóatl según el *Códice Borgia.* *b)* Ehécatl-Quetzalcóatl, *Códice Borgia. c)* Ehécatl-Quetzalcóatl, *Códice Nuttall.*

a

b

c

54. Escultura mexica a manera de atlante, con la representación
del dios Ehécatl o del aire, llevando su máscara bucal como
pico de pato.

como estrella matutina, simbolizada en forma de templo con la misma arquitectura de Xochicalco, o sea una plataforma o basamento en talud y cornisa, sobre el cual se asienta el templo con talud y muro vertical, rematado en un techo de palma o paja.

Y en la cara lateral izquierda de la estela, de arriba abajo, se observa el jeroglífico 7 Tochtli, luego dos pies que descienden a un aposento o casa en donde hay un personaje descansando sobre una estera (4 Calli) ; y a continuación viene el jeroglífico 7 Tochtli, seguido de un monstruo o animal cortado por mitad, para terminar en dos pies que descienden de nuevo a la tierra o al agua florida (estera o petate trenzado con flor, *Fig. 38*, D). En este caso los dos pies indican que Venus ha dejado de ser estrella de la mañana y se ha vuelto estrella de la tarde; que ha dejado su casa del Poniente y ha pasado a su casa de Oriente; y que ya como Xólotl o gemelo precioso (monstruo, perro) , la otra mitad del dios, desciende para desaparecer en el mundo de los muertos, de donde surgirá de nuevo como lucero del alba.

En suma, la Estela 1 de Xochicalco narra, un tanto poéticamente, el Ciclo Venusino: su aparición como estrella matutina por el Occidente (Tlahuizcalpantecuhtli, Señor del Alba), emergiendo del inframundo; su desplazamiento por la bóveda celeste, durante algún tiempo, y su conversión a estrella vespertina (Xólotl, gemelo precioso), el cual desaparecía en el Oriente para iniciar otra vez su recorrido por el Poniente.

En otras palabras, Venus o Quetzalcóatl era una deidad dual (Nácxitl o Cuatro Pies), viajaba por el inframundo hacia el Occidente, en donde aparecía como estrella de la mañana (Tlahuizcalpantecuhtli) y después de algún tiempo desaparecía en el Poniente; luego viajaba de nuevo por el mundo de los muertos, para aparecer en el Oriente como estrella vespertina (Xólotl) y después de cierto tiempo volvía a desaparecer en el Este u Oriente, para repetir su ciclo.

Este ciclo venusino calculado matemáticamente por los mayas, fue el que inspiró a los sacerdotes de Xochicalco para crear al dios Quetzalcóatl como una deidad dual; y este ciclo duraba 584 días; es decir, que Venus era visible 236 días como estrella de la mañana e invisible 90 días, y luego era visible 250 días como estrella de la tarde, e invisible de nuevo durante 8 días. Esta dualidad y transformación se explicó por medio de Tlahuizcalpantecuhtli y Xólotl, desdoblamiento de Nácxitl Quetzalcóatl; y sus desapariciones se explicaban porque iba al mundo de los muertos, al inframundo, donde combatía y triunfaba para salir de nuevo.

En la Estela 3 de Xochicalco, siguiendo la lectura en el orden igual al de la estela anterior, vemos el jeroglífico 4 Gotas de Sangre (sacrificio o autosacrificio) y una banda con los símbolos cruz o Kan (cielo diurno) y Pop (estera, señorío, poder); luego vemos la efigie de Quetzalcóatl emergiendo de las fauces de una serpiente; y encima aparece el jeroglífico 4 Ollin (cuatro movimiento). (*Fig. 39, A.*)

De este modo, el frente de la estela se interpreta en el sentido de que Quetzalcóatl o Venus, que tiene su poder o señorío en el Cielo, se autosacrifica para crear el Quinto Sol, el Nahui Ollin o 4 Movimiento; Sol que se liga a la quinta edad de las fuentes históricas, a la creación de un nuevo Sol cuando se estancó la Tierra y también a la creación de una nueva humanidad.

En la cara lateral derecha se observan los jeroglíficos 4 Kin o Venus, 2 Ácatl, 4 Kin o Venus, 12 Ácatl y 9 Calli, tal vez como tiempo transcurrido antes del sacrificio del dios (*Fig. 39, B*); y en la cara posterior de la estela vemos el jeroglífico 10 Ácatl; luego una estera con dos pies a cada extremo y con el jeroglífico 10 Ácatl al centro; por último una casa o templo, en cuya arquitectura es bien visible el talud, tablero y almenas teotihuacanas. En este caso, es claro el sentido de que Quetzalcóatl como deidad dual va a Teotihuacan, lugar en que se realizó la creación del Quinto Sol. (*Fig. 39, C.*)

Finalmente, en la cara lateral izquierda de dicha estela, vemos el jeroglífico 9 Ozomatli (mono); luego a un jaguar con lengua bífida florida (tierra, vegetación); a continuación dos pies que descienden o caminan hacia una mazorca de maíz con flecha al centro (conquistada) y al final el jeroglífico 3 Ácatl; todo lo cual indica que Quetzalcóatl —en una de sus dos formas— desciende a la Tierra para descubrir y conquistar el maíz, alimento precioso para el hombre, para la nueva humanidad que surge a raíz del Quinto Sol. (*Fig. 39, D.*)

Por su parte, la Estela 2 de Xochicalco es un poco más compleja y difícil de interpretar, aunque también está relacionada con Quetzalcóatl y las funciones que el sacerdocio tejió en torno a él; y así en el frente vemos una bigotera con colmillos salientes y lengua bífida, que recuerda a Tláloc, dios de la lluvia; luego sigue una especie de banda anudada; a continuación viene la efigie de la deidad con tocado de Señor del Tiempo (glifo del año), ojos con anteojeras como Tláloc, colmillos salientes, lengua florida y orejeras de tapón; arriba del cual se ve el jeroglífico 7 Quiáhuitl (agua o lluvia, *Fig. 40, A*). En este caso parece que el dios Quetzalcóatl se desdobla en una deidad que tiene relaciones con la lluvia y con el año o tiempo cíclico, es decir, con el maíz, vegetación, agua, calendario, etcétera, o aspectos benéficos para el hombre.

En la cara lateral derecha de la estela vemos: los jeroglíficos 7 Quiáhuitl y 13 Ácatl, dos pies que descienden, al animal cortado por mitad (Xólotl) que se hunde en la Tierra (estera) y el jeroglífico 7 Calli (*Fig. 40*, B) ; lo cual parece indicar la asociación del gemelo precioso con la lluvia y el rayo que caen a la Tierra; mientras que en la parte posterior se observan: el jeroglífico 9 Ahau o Rayo de Sol (Señor, sol), luego dos pies que ascienden a una especie de mazorca de maíz flechada o conquistada; un atado precioso con el jeroglífico del año (tiempo completado) ; el jeroglífico 13 Rayo de Sol; y de nuevo dos pies que ascienden o caminan hacia el atado con glifo del año, coronado por la cabeza de un cozcacuauhtli (águila bermeja o zopilote real), enmarcada por una franja escalonada que podría indicar "cerro" a la manera zapoteca. (*Fig. 40*, C.) Aquí tal vez se reitera el hecho de que el señor Quetzalcóatl descubrió el maíz y la agricultura, al cerrarse un ciclo o tiempo o edad histórica; relacionado asimismo con un lugar o cerro del zopilote real y con la deidad o desdoblamiento del Señor del Tiempo.

Y por último, en la cara lateral izquierda de dicha estela, vemos una cabeza humana como de muerto (2 Miquiztli), el jeroglífico de Venus y dos pies que descienden, luego el jeroglífico 8 Ácatl, una boca con lengua florida, otros dos pies que descienden y una especie de flor o hierba (xóchitl, malinalli) sobre el jeroglífico 6 Rayo del Sol. (*Fig. 40*, D.)

Como decíamos, la Estela 2 de Xochicalco se relaciona sin duda con el dios Quetzalcóatl, quien adquiere una nueva forma como Señor del Tiempo, del año, del calendario, de la lluvia, agua, maíz, vegetación, calendario, agricultura, rayo, etcétera; o sea que el dios ya no sólo es Venus, sino que sintetiza las funciones y cualidades de otros tantos dioses agrarios que existían por los tiempos de los finales de Teotihuacan, con lo que se inició una religión casi monoteísta.

Así, de todo lo anterior podemos concluir que en Xochicalco, Morelos, tuvo lugar la creación del dios Quetzalcóatl, desde luego con la aportación de otras culturas como la maya, teotihuacana, Centro de Veracruz-Huasteca, zapoteca y nahua antigua; que el dios tenía una personalidad dual, al igual que Venus, y por ello era concebido con cuatro pies o dos figuras (Nácxitl) que se desdoblaba en lucero de la mañana (Tlahuizcalpantecuhtli) y en estrella de la tarde (Xólotl) ; que también fue concebido como deidad que tenía que ver con la lluvia, la agricultura y el calendario o tiempo cíclico, una especie de "Señor del Tiempo-Tláloc"; y que gracias a su autosacrificio en Teotihuacan se creó el Quinto Sol, una nueva edad y una nueva humanidad misma, a la que dio el maíz como alimento.

Con esta deidad, llena de tantos poderes y funciones, se elaboró una religión casi monoteísta, la cual pronto comenzó a propagarse en todas direcciones y unificó temporalmente a muchos pueblos mesoamericanos. Así, su imagen fue llevada como hombre-pájaro-serpiente (su efigie saliendo de las fauces de una serpiente), como serpiente emplumada realista, o como Señor del Tiempo - Tláloc, desde luego enriquecido por el sacerdocio y el arte de los grupos o pueblos que la adoptaron.

Quetzalcóatl era la gran estrella que se desdoblaba en Tlahuizcalpantecuhtli o Señor del Alba, y en Xólotl o su gemelo precioso; se ligaba al Oriente o región de la luz y también al Poniente u oscuridad, lo mismo que al Cielo y al mundo de los muertos; su principal símbolo era el pájaro-serpiente o serpiente emplumada; sus oficiantes o sacerdotes portaban los atributos de la deidad y llevaban su nombre; fue el que intervino en la creación del Quinto Sol y el que formó a la nueva humanidad, el descubridor del maíz para alimento del hombre recién creado y, por lo tanto, de la agricultura, por lo cual era un dios creador por excelencia; era el que regía el tiempo, el año cíclico (días, noches, meses) y de ahí su relación con el calendario, numeración, escritura y observaciones astronómicas; es decir, con los conocimientos intelectuales de la época; también era el patrón de la vegetación y la sequía, del agua y del rayo; etcétera. O sea una verdadera divinidad que encarnaba, para los hombres, todas las cosas buenas y grandiosas, a la vez que ordenaba, por decirlo así, la situación politeísta de una religión agraria que había entrado en decadencia por los finales del Horizonte Clásico de Mesoamérica, entre 650 y 900 de la Era cristiana.

Y desde luego, por ser Xochicalco el lugar en donde se creó al dios, tenemos que identificarlo con el Tamoanchán que luego se volvería un lugar mítico; de allí saldrían algunos sacerdotes a propagar su culto, llevando los atributos y el mismo nombre de la deidad; y los nuevos grupos que adoptaron su culto y religión —a raíz del Quinto Sol— se considerarían creados por dicho dios, como se dice en varias fuentes históricas de los tiempos cercanos a la conquista española y posteriores.

En relación con Tamoanchán o Xochicalco hay que recordar una vieja tradición recogida por fray Bernardino de Sahagún, quien dice que los primeros pobladores llegaron a Pánuco, a la Huasteca, "y desde aquel puerto comenzaron a caminar por la ribera de la mar, mirando siempre las sierras nevadas y los volcanes, hasta que llegaron a la provincia de Guatimala...", a la vez que algunos "fueron a poblar en Tamoanchán, donde estuvieron mucho tiempo..."; citas que pueden interpretarse en el sentido de que ciertas gentes de la región de la Costa del Golfo se fueron dispersando por tiempos del Clásico mesoamericano hacia otras partes, mirando volcanes (Pico de Orizaba, La Malinche, Popocatépetl, Iztaccíhuatl) en su ruta, hasta algunos alcanzar Guatemala y otros Tamoanchán o Xochicalco, los cuales llevaban el estilo artístico de las volutas y entrelaces tipo El Tajín, junto con ideas y objetos como yugos, palmas, hachas, etcétera, que influyeron en los puntos por donde se asentaron, entre ellos Cholula, Teotihuacan, Xochicalco, Guatemala y El Salvador, como lo muestra la arqueología.

Algunas gentes del rumbo de la Costa del Golfo y la Huasteca llegaron a Tamoanchán, que significa "buscamos nuestro hogar"; es decir, buscamos nuestro asiento o lugar donde residir. Y —siguiendo a Sahagún— en Tamoanchán "nunca dejaron de tener sus sabios o adivinos que se decían Amoxoaque, que quiere decir hombres entendidos en las pinturas antiguas... y de estos sabios no quedaron más de cuatro con esta gente que quedó... por lo cual inventaron la Astrología Judiciaria y el arte de interpretar los sueños, compusieron la cuenta de los días... y las diferencias de tiempos que se guardó mientras señorearon y gobernaron los señores de los tultecas, y de los mexicanos..."; cita que podemos relacionar con Xochicalco, pues allí se encuentra el ajuste de calendarios de varios pueblos (glifos nahuas, mayas, zapotecos, etcétera) que perdurarían hasta el Posclásico mesoamericano o tiempos de los tultecas y mexicas que heredaron el calendario nahua antiguo o de Xochicalco, además de fajas con ganchos entrelazados, nichos, yugos lisos, cámaras-observatorios, etcétera.

Como ya vimos, en Xochicalco se creó al dios Quetzalcóatl, cuyo lugar de origen era Tamoanchán; allí formó al hombre de nuevo y descubrió el maíz, pero el Quinto Sol fue creado en Teotihuacan. Sahagún nos dice que "de Tamoanchán iban a hacer sacrificios al pueblo llamado Teotihuacan, donde hicieron a honra del Sol y de la Luna dos montes, y en este pueblo se elegían los que habían de regir a los demás... (además de que allí a los muertos) los canonizaban por dioses y unos se volvían en sol y otros en luna, y otros en otros planetas"; citas que refuerzan la cercanía relativa de Tamoanchán (Xochicalco) con Teotihuacan y que hacen alusión a que allí se creaban los dioses convertidos en sol y luna, relacionado con el Quinto Sol.

En el Códice Matritense del Real Palacio y en Sahagún leemos que "antes que hubiese día en el mundo que se juntaron los dioses en aquel lugar que se llama Teotihuacán, que es el pueblo de San Juan, entre Chiconauhtlan y Otumba, (y) dijeron los unos a los otros dioses: ¿Quién tendrá cargo de alumbrar al mundo? ...y entonces el dios Tecuciztécatl y el buboso Nanahuatzin se ofrecieron para alumbrar el mundo..."

"Después que se acabaron las cuatro noches de su penitencia... todos los dioses se pusieron en rededor del hogar que se llama Teotexcalli... y luego los dos sobre dichos se pusieron delante del fuego..."; pero a la hora de lanzarse en el fuego del horno divino, Tecuciztécatl tuvo miedo y no lo hizo, mientras que Nanahuatzin, que era de Tamoanchán, "esforzándose y cerrando los ojos arremetió y echóse en el fuego". Así Nanahuatzin se convirtió en el Quinto Sol y, Tecuciztécatl, que se arrojó después, se convirtió en la Luna.

Según los *Anales de Cuauhtitlan* "el nombre de este Sol es Nahui Ollin (Cuatro Movimiento). Éste es ya de nosotros, de los que hoy vivimos. Ésta es su señal, la que aquí está, porque cayó en el fuego el Sol en el horno divino de Teotihuacán. Fue el mismo sol de Topiltzin (nuestro hijo) de Tollan, de Quetzalcóhuatl. Antes de ser este sol, fue su nombre Nanáhuatl, que era de Tamoanchán... Lo que aquí está se nombra Teotexcalli (horno divino) que cuatro años (días) estuvo ardiendo"; o sea que como vimos en la Estela 3 de Xochicalco, Quetzalcóatl en una de sus formas, Xólotl o Nanahuatzin, se sacrifica para crear el Sol en Teotihuacan y este Quinto Sol fue el de los toltecas de Tula Hidalgo, cuyo sacerdote o Quetzalcóhuatl de nombre Ce Ácatl Topiltzin llevó el culto del dios a ese lugar.

En los mismos *Anales de Cuauhtitlan* se menciona que en 1 Tochtli, cuando se estancó el Cielo y no hubo sol y desapareció la humanidad, se consultaron los dioses para determinar quiénes constituirían la nueva humanidad; es decir, para crear al hombre de nuevo. Y así, "luego fue Quetzalcóatl al infierno (al Mictlán o inframundo), se llegó a Mictlantecuhtli y Mictlancíhuatl (señor y señora del mundo de los muertos) y dijo: He venido por los huesos preciosos que tú guardas. Y dijo aquél: ¿Qué harás tú, Quetzalcóhuatl? Otra vez dijo éste: Tratan los dioses de hacer con ellos quien habite sobre la Tierra.

"...luego que cogió los huesos preciosos: estaban juntos, de un lado, los huesos de varón y también juntos, de otro lado, los huesos de mujer. Así que los tomó, Quetzalcóhuatl hizo de ellos un lío, que inmediatamente llevó a Tamoanchán. Después que los hizo llegar, los molió la llamada Quilachtli, ésta es Cihuacóatl, que a continuación los echó en el lebrillo precioso. . .''; y entonces Quetzalcóatl se sangró su miembro viril sobre los huesos molidos para formar así, de esa pasta, a los nuevos hombres, por lo cual se diría que los grupos o pueblos que adoptaron su culto fueron hechos o creados de sangre o de ceniza.

Y en esa misma fuente histórica se dice también: ¿Qué comerán los hombres, oh dioses? ''Que descienda el maíz, nuestro sustento.'' Entonces Quetzalcóatl pregunta a una hormiga roja, que llevaba un grano de maíz, en dónde lo había encontrado y ésta le dice que en ''el monte de nuestro sustento'', en el Tonacatépetl o cerro de las mieses; Quetzalcóatl entonces se transforma en hormiga negra, acompaña a la otra y rescata del monte el maíz; y ''luego Quetzalcóatl lo llevó a cuestas a Tamoanchán, allí abundantemente comieron los dioses; (y) después en nuestros labios puso maíz Quetzalcóatl, para que nos hiciéramos fuertes''.

Como decíamos, esos acontecimientos míticos ocurrieron fundamentalmente en Tamoanchán, están íntimamente relacionados con la religión de Quetzalcóatl, dios que fue creado en Xochicalco como se observa en el basamento-templo decorado y en las estelas comentadas con anterioridad, por lo cual no hay duda que Tamoanchán y Xochicalco son el mismo lugar; pero como sucedió con Quetzalcóatl, que se rodeó de un ropaje mítico y legendario en el transcurso del tiempo, así también Tamoanchán pasó al plano de la mitología y la leyenda.

Al respecto, Plancarte y Navarrete decía que ''todos esos hechos pasaron en territorio que hoy comprende el Estado de Morelos, y Tamoanchán no es un país mitológico y fantástico, como pretenden algunos, sino real y verdadero, del cual, empero, se apoderó más tarde la mitología''; y, en efecto, así sucedió, pues al desaparecer Xochicalco (Tamoanchán) como centro religioso y comercial de importancia, al ser abandonado y convertirse en ruinas, sólo perduró el recuerdo de haber sido el lugar de origen de Quetzalcóatl, del creador del Quinto Sol y de la nueva humanidad, del descubridor del maíz o formador, del inventor del calendario y, por consiguiente, la casa u hogar del nuevo hombre formado, la casa de donde descendían.

DEL MITO A LA LEYENDA

V. EL MOMENTO DE LOS PRIMEROS SEÑORÍOS MILITARISTAS

LA DECADENCIA y abandono de numerosos centros y ciudades teocráticas de Mesoamérica ocurre hacia 750-900 de la Era cristiana. Y ello coincide con el inicio de la propagación de la religión y culto a Quetzalcóatl, en los cuales hay ideas y conceptos como: pájaro que simboliza al Cielo; serpiente que representa al agua celeste o nube de lluvia; caracol cortado que encarna al viento, aliento divino, generación y nacimiento; quincunce o totalidad del Universo, cuatro puntos cardinales y la dirección central, así como cinco años venusinos en cuyo final ocurre la conjunción de Venus con el Sol; Venus simbolizado como ojos estelares y flor cortada con tres lóbulos; Venus como estrella de la mañana o Señor del Alba, de la Aurora (Tlahuizcalpantecuhtli); Venus como estrella de la tarde (Xólotl); Venus o Quetzalcóatl como deidad dual (Nácxitl, el Cuatro Pies); Xólotl como perro, rayo o fuego celeste, gemelo precioso, movimiento; sacrificio de Quetzalcóatl (Xólotl o Nanahuatzin) para crear el Quinto Sol (Nahui Ollin); Quetzalcóatl como formador de la nueva humanidad, descubridor del maíz, inventor del calendario; y Quetzalcóatl como deidad del tiempo cíclico y lluvia, Señor del Tiempo-Tláloc.

También, por los finales de los grandes centros teocráticos mesoamericanos, se observa ya cierto espíritu guerrero, tanto en la pintura mural y cerámica de Teotihuacan como en los relieves de Xochicalco y en las estelas y pinturas de la región maya (Piedras Negras, Tikal, Bonampak); y ello va acompañado: a) del comercio a lugares alejados (escoltas militares) que permite la divulgación de ideas, estilos artísticos, objetos manufacturados, materias primas exóticas o de lujo, etcétera; b) del éxodo de artesanos especializados y de grupos de gente que andan en busca de nuevos centros y lugares donde reacomodarse, y c) de la dispersión de sacerdotes-caudillos que llevan el nombre de Quetzalcóatl, de la deidad, traducido a la lengua del grupo que guían.

En este último aspecto ya decíamos que la imagen de Quetzalcóatl podía ser representada como la efigie del dios saliendo de las fauces de una serpiente con plumas preciosas (hombre-pájaro-serpiente), como una serpiente emplumada realista y como la imagen del Señor del Tiempo-Tláloc, desde luego enriquecida y con variantes elaboradas por el sacerdocio en otras partes. Así, en El Tajín, Veracruz, se observa, en los tableros monolíticos del Juego de Pelota, a la deidad

43

con dos cuerpos y cuatro pies, que convergen en una sola cara, la cual lleva una venda frontal o turbante, un rosetón o flor entre la nariz y la frente, orejeras circulares con adornos colgantes o de tapón, la boca abierta y la mandíbula inferior como pico de pato, todo ello con algunos ganchos o volutas entrelazadas. (*Fig. 41.*) En este caso no hay duda de que se trata de una representación de Nácxitl Quetzalcóatl, el Cuatro Pies.

Esas variaciones locales se observan también en una estela o lápida procedente de Acatempa, cerca de Teloloapan, Guerrero, con un estilo más teotihuacano final; en ella se ve a la deidad con cara un poco semejante a Tláloc y con tocado de quetzal o lechuza; lleva un átlatl en la mano izquierda y un escudo rectangular con dos dardos cruzados en la mano derecha; porta faldilla, lo mismo que sandalias: bajo sus pies aparece el jeroglífico del año, como simulando la cara de Tláloc muy esquematizada, a la vez que una serie de elementos vegetales (ramas con flores) completan la composición. (*Fig. 42.*)

Pero en donde se advierte claramente la asociación de Quetzalcóatl con el Señor del Tiempo-Tláloc, es en una lápida o estela procedente de Castillo de Teayo, Veracruz; en ella puede verse a la deidad con tocado que ostenta el glifo del año (triángulo y rectángulo entrelazados), cuya cara es como la máscara del dios de la lluvia, con anteojeras, nariz en forma de serpiente trenzada, cuyos extremos son las cejas, y con bigotera y colmillos salientes; a la vez que viste un braguero y tal vez lleva un átlatl en la mano derecha. (*Fig. 43.*)

En realidad, esta representación es la que mejor marca la dispersión del culto a Quetzalcóatl, hacia varias partes de Mesoamérica por los fines del Horizonte Clásico y principios del Posclásico; manteniendo una unidad, aunque con variantes locales, como se ve desde Teotihuacan hasta la región maya, pasando por Xochicalco, El Tajín, Castillo de Teayo, Bonampak, Uxmal, Seibal y otros lugares.

Así, en Teotihuacan aparece el glifo del año y el Señor del Tiempo con tocado que ostenta el triángulo y rectángulo entrelazados; en Xochicalco este Señor del Tiempo se asocia a Tláloc para formar un aspecto o advocación de Quetzalcóatl, con anteojeras, colmillos salientes, lengua florida, orejeras con adornos colgantes y tocado con glifo del año; en El Tajín lleva el mismo tipo de orejera, la boca abierta y como con pico de pato; en Castillo de Teayo aparece con anteojeras, nariz-cejas formadas por una serpiente, bigotera, colmillos salientes y tocado con glifo del año; en Uxmal lleva anteojeras, boca abierta como pico de pato y glifos del año en el tocado, así como a los lados, en el lugar de las orejeras; última forma que también aparece en la

Estela 2 de Bonampak, en la orla del huipil de una de las mujeres que acompaña al sacerdote. (*Fig. 44.*)

En Uxmal, Yucatán, además de la representación del Señor del Tiempo-Tláloc en los mascarones del Edificio del Norte del Cuadrángulo de Las Monjas y en el Templo 1 de El Adivino, cuyo estilo arquitectónico corresponde al Puuc o de la Serranía; hay esculturas bellamente labradas que representan al dios saliendo de las fauces de una serpiente preciosa, el cual lleva un turbante con piedras verdes o chalchihuites, cara con escarificaciones en la mejilla, ojos enmarcados por una especie de anteojera, vírgulas o colmillos a los lados de la boca y a veces con la cola crotálica saliendo de la boca del dios, a manera de lengua colgante; y no hay duda de que estas esculturas representan a Quetzalcóatl, cuyo culto llegó a Uxmal con el nombre de Kukulkán (pájaro-serpiente), llevado por sacerdotes del mismo nombre. (*Fig. 45.*)

También en Uxmal hay representaciones de serpientes emplumadas realistas, como se puede ver en el Juego de Pelota y en el Edificio Poniente del Cuadrángulo de Las Monjas, de modo que en este lugar aparecen las tres formas de representar al dios; y su culto fue introducido por el grupo de los xiues, entre 900 y 1000 de la Era cristiana, cuando ya la ciudad tenía edificios o construcciones del estilo Puuc, anterior a este acontecimiento.

Estos xiues eran gentes de habla maya-chontal que mantenían relaciones con la Costa del Golfo, que habían estado entre el sur de Veracruz y norte de Tabasco, pero que se establecieron en Laguna de Términos, Campeche; y al adoptar la religión y culto a Quetzalcóatl o Kukulkán se dirigieron a Yucatán, pasando por Mul Chic y asentándose por último en Uxmal.

Por ello el *Chilam Balam de Maní* nos dice:

La tierra de donde vinieron (es) Tulapan Chiconauhtlan (Ciudad de Chiconauhtla). Éste es el orden de los Katunes desde cuando salieron de su tierra, de su hogar de Nonoual (Nonoalco). Cuatro Katunes estuvieron los Tutul Xiu al poniente de Zuyua (Laguna de Términos)...

Cuatro Katunes caminaron hasta que llegaron aquí, en compañía del caudillo Holon Chan Tepeu (Gran Señor Serpiente) y sus acompañantes.

En el Katún 2 Ahau se estableció Ah Suytok Tutul Xiu (pájaro azul precioso) en Uxmal... Desde que se estableció... en Uxmal, diez veintenas de años reinaron en compañía de los gobernadores de Chichén Itzá y de Mayapan.

En tanto que el *Chilam Balam de Chumayel* dice:

Los sacerdotes de Uxmal reverenciaban a Chac, los sacerdotes del tiempo antiguo. Y fue traído Hapai-Can (serpiente devoradora) en·su barco. Cuando éste llegó, se marcaron con sangre las paredes de Uxmal.

En Chichén Itzá, Yucatán, ocurrió algo semejante, pues allí hay múltiples representaciones del culto a Kukulkán o Quetzalcóatl, ya sea como serpiente emplumada realista (Juego de Pelota), como hombre-pájaro-serpiente (Templo del Sur, Templo de los Guerreros) y otras modalidades o variantes desarrolladas allí (Templo del Norte o del Hombre Barbado, Anexo de los Tigres, Templo de Venus) ; culto que se asocia a la decapitación de jugadores de pelota, yugos, palmas, nariguera de barra o huasteca, sangre en forma de serpientes, entrelaces vegetales, etcétera (Tableros del Juego de Pelota que recuerdan El Tajín, Veracruz) ; jambas con guerreros, pectoral de mariposa, disfraces de águila, culto fálico, etcétera (Templo del Hombre Barbado) : pinturas murales con escenas guerreras, columnas serpentinas, etcétera (Templo de los Jaguares) ; rayos solares, tronos en forma de jaguar (Anexo de los Tigres) ; lápidas con jaguares y águilas devorando corazones humanos (Templete de las Águilas y Tigres) ; chacmoles, pilastras serpentinas, altar con atlantes (Templo de los Guerreros). Todo lo cual muestra la evolución del culto y religión de Kukulkán o Quetzalcóatl, así como del estilo artístico, debido a la llegada del grupo de los itzaes, también hacia 900-1000 de la Era cristiana, cuando el lugar ya tenía construcciones del estilo Puuc y Chenes más viejas. (*Figs. 46, 47, 48.*)

Al igual que los xiues, los itzaes (brujos del agua) hablaban el maya-chontal, anduvieron por la región de Zuyua (Laguna de Términos) , de donde pasaron a Champotón, Campeche; y poco después, tal vez con algunas gentes establecidas allí con anterioridad, se dirigieron a Yucatán, asentándose en el Viejo Chichén, que tendría otro nombre entonces, por lo que se llamó Chichén Itzá o "en la boca del pozo de los brujos del agua".

En relación con el antiguo asentamiento de Chichén, el *Chilam Balam de Maní* dice: "8 Ahau (415-435) fue cuando se descubrió la provincia de Siyan Can Bakhalal (Bacalar) ... 6 Ahau (435-455) fue que se descubrió Chichén Itzá (el lugar que se llamaría después así)... 4 Ahau, 2 Ahau, 13 Ahau (495-514) se ordenaron las esteras y se ocupó Chichén. Tres veintenas de años reinaron en Siyan Can y bajaron aquí... Diez veintenas de años reinaron en Chichen Itzá y fue abandonada... Y fueron a establecerse a Chakanputún... Allí tuvieron su hogar los Itzaes (allí estaban), hombres religiosos"...; o sea que algunas gentes mayas descubrieron Bacalar, después descubrieron el lugar que más tarde se llamaría Chichén Itzá, en donde se asentaron. Transcurridos 200 años fue abandonado por algún grupo que fue a Champotón, puesto que arqueológicamente siguió ocupado, sitio en donde se asentaron también los itzaes, ya hombres religiosos o con el culto a Kukulkán.

También el *Chilam Balam de Chumayel* narra:

"En el Seis Ahau sucedió que descubrieron Chichén Itzá (el lugar). 8 Ahau fue abandonada Chichén Itzá, después de trece dobleces del Katún (200 años). Y se establecieron en Chakanputún, en sus casas, en el tiempo de este Katún. 4 Ahau fue conquistada por ellos la tierra de Chakanputún. 8 Ahau fue abandonado Chakanputún, por los hombres Itzaes. Y vinieron a poner sus casas otra vez..."; citas que no dicen al principio que los itzaes fueran los que descubrieron el lugar que se llamaría Chichén Itzá, sino que se mencionan expresamente a partir de Chakanputún o Champotón, Campeche.

En cambio, a partir de Champotón, el *Chilam Balam de Maní* refiere que

Trece veintenas de años reinaron en Chakanputún los hombres itzá y vinieron en busca de sus hogares (de otros lugares donde asentarse), de nuevo. Trece dobleces de Katún residieron en Chakanputún, sus hogares y perdieron el camino de Chakanputún.

8 Ahau (928-948) fue abandonada Chakanputún. 6 Ahau, 4 Ahau (968-987), dos veintenas de años (anduvieron errantes) y vinieron a establecer sus hogares, de nuevo después de que perdieron Chakanputún.

Mientras que el *Chilam Balam de Chumayel* dice:

8 Ahau. Fue abandonado Chakanputún, por los hombres itzaes. Y vinieron a poner sus casas otra vez... En este mismo Katún fueron los Itzaes a vivir bajo los árboles, bajo la ceniza, bajo su miseria.

4 Ahau es el Katún en que aconteció que hallaron la boca de su pozo los Itzaes. Allí les fue compuesto milagro por sus padres.

Fueron tratados como padres cuando bajaron a las orillas del pozo de los Itzá. Los Itzaes entonces se llamaban.

Y empezó a venir Ah Ppisté. Este Ah Ppisté era el medidor de la tierra... entretanto venía Miscit Ahau (Señor Miscit o Nacxitl) a limpiar las tierras medidas... Fue cuando se establecieron los Jefes de los rumbos...

Y Chacté (Chac), el dios que cultivó las tierras, era su antiguo dios.

Teppan-quis era sacerdote de Ichtab y de Ah Ppisté, el que midió las tierras... Ahcunté fue el removedor, y el que barrió las tierras fue Miscit Ahau.

Entonces fue que amaneció para ellos. Nuevo Señor, nuevo despertar de la tierra para ellos. Y empezó a entrarles tributo en Chichén... Y entonces sucedió que bajó el tributo de Holtún Suhuyvá (Suyuá).

Allí recibían el tributo los Grandes Señores. Y entonces comenzaron a tenerlos como dioses. Y comenzaron a servirlos. Y sucedió que llegaron a llevarlos en andas. Y comenzaron a arrojarlos al pozo (cenote sagrado) para que los Señores (dioses) oyeran su voz.

Y respecto a los xiues, fray Diego de Landa señala que "contaban los indios que de la parte de mediodía vinieron a Yucatán mucha gente con sus señores... y dicen que estas gentes anduvieron cuarenta años por los despoblados de Yucatán sin haber en ellos agua sino la que llueve; y que al fin de ese tiempo aportaron a las sierras que caen algo enfrente de la ciudad de Mayapán, a diez leguas de ella... y así estos de Tutu Xiu se sujetaron a las leyes de Mayapán y emparentaron unos con otros..."; en tanto que respecto a los itzaes apunta que "Chichenizá es un asiento muy bueno... donde dicen que reinaron tres señores hermanos que vinieron a aquella tierra de la parte de Poniente, los cuales eran muy religiosos y que así edificaron muy lindos templos... (y) que es opinión entre los indios, que con los Izaes que poblaron Chichenizá reinó un gran señor llamado Cuculcán... y dicen que entró por la parte de poniente... y que después de su vuelta fue tenido en México por uno de sus dioses, y llamado Cezalcouati, y que en Yucatán también lo tuvieron por dios. "

Como vemos, la religión y culto a Quetzalcóatl, llevado por caudillos-sacerdotes, penetró a Yucatán, a la región del Usumacinta y del Petén Itzá, a la costa de Guatemala y a las tierras altas, ligado a la constitución de nuevos pueblos o linajes durante el Posclásico Temprano; y éste fue el caso de los quichés y cakchiqueles de Guatemala, ya que Tepeu (el Creador) y Gucumatz (el Formador), los Progenitores, crearon al mundo y a los cuatro primeros hombres, de donde arranca la narración acerca de dichos pueblos.

En el *Popol Vuh* se lee:

Éstos son los nombres de los primeros hombres que fueron creados y formados: el primer hombre fue Balam-Quitzé, el segundo Balam-Acab, el tercero Mahucutah y el cuarto Iqui-Balam.
Ellos (los cuatro primeros hombres) engendraron... a las tribus pe-

queñas y a las tribus grandes, y fueron el origen de nosotros, la gente del quiché.

Diferentes eran los nombres de cada uno cuando se multiplicaron allá en el Oriente (hacia donde sale el sol), y muchos eran los nombres de la gente: Tepeu, Oloman (Oloman o región del hule), Cohah, Quenech, Ahau, que así se llamaban estos hombres allá en el Oriente...

Nuestras primeras madres y padres no tenían todavía maderos ni piedras que custodiar (imagen del dios), pero sus corazones estaban cansados de esperar el sol (que les amaneciera como grupo formal). Y ya eran muy numerosos todos los pueblos y la gente Yaqui (nahuas antiguos), los sacerdotes y sacrificadores.

Y habiendo llegado a sus oidos la noticia de una ciudad (una Tollan), se dirigieron hacia allá.

Ahora bien, el nombre del lugar a donde se dirigieron... era Tulán-Zuivá (Ciudad del Poniente), Vucub-Pec, Vucub-Zivan (siete cerros, siete barrancas). Éste era el nombre de la Ciudad a donde fueron a recibir a sus dioses. Así, pues, llegaron todos a Tulán.

Al respecto hay que decir que muchos investigadores han identificado a esta Tulán con Tula, Hidalgo, tal vez por no analizar convenientemente los conceptos implícitos en esas fuentes, y así hay que tener en cuenta que Tollan o Tula es sinónimo de ciudad, salvo cuando se especifica claramente el nombre (Tollan Xicocotitlan, Tollan Cholollan, Tollan Teotihuacan, Tulapan Chiconauhtlan, etcétera) ; que Suyuá, Zuivá y Suiuá son sinónimos del Poniente (Tulan-Zuivá, Holtún-Zuyuá) ; y que había tantas Tulas como centros o ciudades importantes existían en Mesoamérica, en donde residían artesanos especializados o toltecas (artífices) .

El *Memorial de Sololá* nos dice:

De cuatro (lugares) llegaron las gentes a Tulán. En oriente está un Tulán; otra en Xibalbay; otra en el Poniente, de allí llegamos nosotros, del Poniente; y otra donde está Dios. Por consiguiente había cuatro Tulanes... Del poniente llegamos a Tulán, desde el otro lado del mar; y fue a Tulán a donde llegamos (los Cakchiqueles) para ser engendrados y dados a luz...

A mi modo de ver, quichés, cakchiqueles y otros grupos se hacen descender del dios Quetzalcóatl y por lo tanto de una ciudad en el Poniente, de Tulán-Zuivá o Zuyuá que sería en este caso Xochicalco, donde se creó y residía el dios y los sacerdotes de su culto; y sólo allí podían recibir al dios que los haría ver la luz, amanecer, para obtener linaje y constituir un pueblo.

El *Popol Vuh* refiere que:

> Fue entonces la salida de sus dioses: primero los de Balam-Quitzé, Balam-Acab... quienes se llenaron de alegría...
>
> Y el primero que salió fue Tohil (Quetzalcóatl), que así se llamaba ese dios, y lo sacó a cuestas en su arca Balam-Quitzé. En seguida sacaron al dios que se llamaba Avilix, a quien llevó Balam-Acab... Grande en verdad era la naturaleza de los Tres, Tohil, Avilix y Hacavitz. Y entonces llegaron todos los pueblos, los de Rabinal, los Cakchiqueles... y las gentes que ahora se llaman Yaquis... y también allí se separaron, algunos hubo que se fueron para el oriente (Costa del Golfo), pero muchos se vinieron para acá (Guatemala).

Según el *Título de los Señores de Totonicapan:*

> Cuando se levantaron de allá de Pa Tulán, Pa Civán, el primer caudillo fue Balam-Quitzé por unanimidad de votos, y entonces el gran padre Nacxit (Quetzalcóatl dual) les dio un regalo llamado Girón-Gagal (bulto o atado del dios).

De acuerdo con el *Popol Vuh*:

> Luego se vinieron, se arrancaron de allá y abandonaron el oriente (poniente). Ésta no es nuestra casa, vámonos y veamos donde nos hemos de establecer, dijo entonces Tohil.

Y según el *Memorial de Sololá*:

> Hay guerra allá en el Oriente, en el llamado Zuyuá (Laguna de Términos o Holtún Suyuá); allá ireis a probar vuestras armas y vuestros escudos que os daré... Así se nos dijo cuando fuimos a Tulán... Luego llegamos a la orilla del mar. Allí estaban reunidas todas las tribus y los guerreros a la orilla del mar.
>
> En seguida se dirigieron al lugar de Teozacuancu (Coatzacoalcos), fuéronse todos allá y a continuación a otro lugar llamado Meahauh, donde se reunieron. Luego... llegaron a otro lugar llamado Valval Xucxuc... saliendo de allí, llegaron a los lugares de Tacpú y Oloman (Olman o sur de Veracruz y Tabasco).
>
> Luego nos juntamos y en seguida fuimos a hacer encuentro a una tribu enemiga, los Nonoualcas, los Xulpiti (de Tabasco o Chontales y

Xiues), así llamados, que se encontraban a la orilla del mar y estaban en sus barcas.

En verdad fue terrible el disparar de las flechas y la pelea. Pero pronto fueron destruidos por nosotros... Y cuando ya se habían dispersado los nonoualcas y xulpiti, dijeron todos los guerreros: ¿Como atravesaremos el mar...? Y nosotros respondimos: En sus canoas pasaremos, sin que nos vean nuestros enemigos.

Así, pues, nos embarcamos en las canoas de los nonoualcas y dirigiéndonos al oriente pronto llegamos allí. Formidables eran en verdad, la ciudad y las casas de los de Zuyvá (Suyuá), allá en el oriente (Laguna de Términos-Xicalango). Cuando hubimos llegado a la orilla de las casas nos pusimos a lancearlos, luego que llegamos... peleamos en sus casas, peleamos con sus perros, con sus aves de corral... atacamos una vez, atacamos dos veces, hasta que fuimos derrotados.

Uno por uno fueron regresando todos los guerreros a los lugares de Tacpú y Olomán. Llenos de tristeza nos reunimos allí... Y nosotros dijimos (los cakchiqueles)... Vamos a probar nuestros arcos y nuestros escudos a alguna parte donde tengamos que pelear. Busquemos ahora nuestros hogares y nuestros valles. Así dijimos.

En seguida nos dispersamos por las montañas; entonces nos fuimos todos, cada tribu tomó su camino, cada familia siguió el suyo... pasaron al lugar de Memehuyú (de los mames) y Tacnahuyú (del volcán Tacaná), así llamados.

Ahora bien, en el *Popol Vuh* leemos:

Pero fue aqui (Altos de Guatemala) donde se multiplicaron, en la montaña, y ésta fue su ciudad (Utatlán de los quichés)... Aquí también comenzaron su canto... ¡Ay de nosotros! En Tulán nos perdimos, nos separamos, y allá quedaron nuestros hermanos mayores y menores.

Porque en verdad, el llamado Tohil es el mismo dios de los Yaquis, cuyo nombre es Yolcuat-Quitzalcuatl. Nos separamos allá en Tulán, en Zuyvá, de allá salimos juntos y allí fue creada nuestra raza cuando vinimos, decían entre sí.

Ahora bien, la lengua de los cakchiqueles es diferente, porque era diferente el nombre de su dios cuando vinieron de allá de Tulán-Zuyvá... También se cambió la lengua del dios, cuando les dieron su dios allá en Tulán, junto a la piedra... y estando juntas les amaneció y les brilló su aurora a todas las tribus...

De hecho, otros varios grupos que buscaban lugares donde asentarse tenían que ver con Quetzalcóatl y los sacerdotes-caudillos que llevaban su culto y religión, como sucedió con los teotenancas del Estado de México; y así Chimalpahin en su memorial Breve nos dice: "por eso, porque el nombre es así, porque el lugar se llama Teotenanco, de allí lo toman los viejos teochichimecas Eztlapictin, que ellos se llaman teotenanca; pues al principio su nombre fue aquel con el cual llamaron Eztlapictin, con el cual salieron de Aztlan-Chicomoztoc..."; y también que "en el año 3 Calli... llegaron por camino directo allí a Tizatepec, cerca de Tolyehualco, en el país de los Xochimilca... los viejos, los que fueron llamados Eztlapictin Teotenanca... y los guió hacia acá el que fue rey con el nombre de Totoltecatl Tzompachtli, principe Tlailotlac. Fue él quien llevó a sus espaldas a su dios, al diablo, a quien llamaron Nauhyoteuhtli".

O sea que un grupo de antiguos chichimecas (teochichimecas o auténticos), los eztlapictin (creados de sangre y de ceniza) llegaron a Teotenanco, introdujeron el culto a Quetzalcóatl (bajo el aspecto de Nauhyoteuhctli o Señor del Cuatro, del Nahui Ollin) quien había creado el Quinto Sol en Teotihuacan; y que ya con el nombre de eztlapictin teotenancas, después de algún tiempo de permanencia en el lugar, y guiados por un señor llamado Totoltécatl Zompachtli, príncipe Tlailótlac (que regresa), fueron a Tizatépec-Cuitláhuac, hacia la región de los xochimilcas y chalcas, donde después fundaron Tenanco Tepopolan, hoy Tenango del Aire. El culto a Quetzalcóatl se observa en varias esculturas del lugar. Sobresalen entre ellas la Estela de Teotenango y una piedra clava en forma de estrella con ojo venusino. (Figs. 49, 50.)

En cuanto a los toltecas de Tula, Hidalgo, éstos fueron también teochichimecas o vagabundos auténticos que pertenecían a la nueva humanidad creada por Quetzalcóatl, a raíz del Quinto Sol; y así los Anales de Cuauhtitlan dice: "En 1 Tochtli tuvieron principio los toltecas; allí empezó la cuenta de sus años... Según sabían los viejos, en este 1 Tochtli se estancaron la tierra y el cielo; también sabían que... habían vivido cuatro clases de gentes, habían sido cuatro las vidas... que cada una fue un Sol. Decían que su dios los hizo y los crió de ceniza; y atribuían a Quetzalcóatl, signo de siete ecatl (7 Ehécatl o Viento), el haberlos hecho y criado."

Ahora bien, como ya lo dijimos, el Quinto Sol fue creado en Teotihuacan, gracias al sacrificio de Xólotl o Nanahuatzin que era de Tamoanchán o Xochicalco, por lo cual es lógico suponer una relación estrecha entre ambos centros religiosos; y esto concuerda con lo que refiere Sahagún, respecto a que algunas gentes abandonaron Tamoanchán y pasaron a Xomiltépec (Jumiltepec, Morelos), en donde estando los que eran señores y ancianos y sacerdotes de ídolos, se hablaron unos a otros, diciendo que su dios les había dicho "que... habían de ir mas adelante para descubrir mas tierras... y fuéronse poco a poco hasta que llegaron al pueblo de Teotihuacan, donde se eligieron los que habían de regir y gobernar a los demás.

"Y hecha elección de los señores luego se partieron todos de allí, yendo cada señor con la gente que era de su lenguaje, y guiando a cada cuadrilla su dios. Iban siempre delante los Toltecas, y luego los Otomíes, los cuales llegando a Coatepec no fueron mas adelante con los demás... y las demás gentes, como los toltecas y mexicanos o nahuas... prosiguieron su camino por los llanos o páramos para descubrir tierras... Y de cuanto tiempo hayan peregrinado, no hay memoria de ello. Fueron a dar en un valle entre unos peñascos... y en este valle había siete cuevas que tomaron por sus oratorios todas aquellas gentes. Allí iban a hacer sacrificios... Tampoco no hay memoria ni cuenta de todo el tiempo que estuvieron allí. Estando allí los Toltecas con los demás, dicen que su dios de ellos les habló aparte, mandándoles que volviesen allí de donde habían venido... lo cual oído los toltecas... fueron a hacer sacrificios en aquellas siete cuevas, y hechos, se partieron todos; y fueron a dar en el pueblo de Tullantzinco, y de allí después pasaron a Xicocotitlan que es el pueblo de Tulla."

El afamado cronista Sahagún también nos dice que "primeramente los toltecas, que en romance se pueden llamar oficiales primos... vivieron primero muchos años en el pueblo de Tulantzinco, en testimonio de lo cual dejaron... un Cú, que llamaban en mexicano, Uapalcalli... (y de allí) fueron a poblar a la ribera de un río junto al pueblo de Xicocotitlan, el cual ahora tiene el nombre de Tullan o Tula..."; o sea que un grupo de gente teochichimeca que había salido de Teotihuacan se asienta por la región del Bajío de Guanajuato y después regresa a poblar Tulancingo, para años más tarde asentarse en Tula, Hidalgo, donde fundarían su capital bajo la dirección de un sacerdote y caudillo llamado Ce Ácatl Topiltzin.

Desde luego, este caudillo y sacerdote de la deidad Quetzalcóatl llevaba el mismo nombre del dios, y por las obras benéficas que hizo a su pueblo, los toltecas, fue elevado a la categoría de un héroe civilizador y deificado con posterioridad; o sea que el grupo tolteca alcanza linaje y poder gracias al gobernante que encarnaba al dios, que era como su nahual, cuya historia se confundió con el arquetipo religioso al ser elevado a la categoría de héroe civilizador divinizado.

Por ello, al crearse el Quinto Sol fueron creados también otros dioses, entre ellos uno denominado Mixcóhuatl (las cuatrocientas estrellas o Vía Láctea), del cual hicieron descender al sacerdote Ce Ácatl Topiltzin. Los *Anales de Cuauhtitlan* refieren: "Por tanto, había vivido Mixcóuatl treinta y nueve años. El nombre de su mujer es Chimalman (escudo de la tierra). Duró Topiltzin cincuenta y seis años"; a la vez que "Luego fue Mixcóhuatl a conquistar en Huiznáhuac: a su encuentro salió la mujer Chimalman... la toma, se echa con la mujer de Huitznáhuac, que era Chimalman, la que luego se empreñó. Cuando nació Ce Acatl, cuatro días afligió mucho a su madre; y así que él nació, inmediatamente murió su madre. A Ce Acatl le crió Quillaxtli, Cihuacoatl; ya algo crecido, acompañó a su padre, conquistando... Los cuatrocientos mixcóhua son tíos de Ce Acatl, a cuyo padre aborrecieron y mataron..."

En otras palabras, la historia de Ce Ácatl Topiltzin la equiparan a los conceptos religiosos de Quetzalcóatl, ya que era sacerdote del dios y su representante en la Tierra; y por ello nace de Mixcóatl (Cielo, vía láctea o cielo estrellado) y de Chimalman (Tierra), es sobrino de las estrellas o mixcohuas, y es criado en Morelos (Huiznáhuac) por la Cihuacóatl o Quillaxtli, que había molido los huesos de donde Quetzalcóatl hizo de nuevo al hombre en Tamoanchán (Xochicalco).

Ce Ácatl Topiltzin crece, pues, en Xochicalco, se convierte en sacerdote o Quetzalcóhuatl del dios, aprende la religión y culto a Quetzalcóatl, a la vez que el arte de guerrear, ya que conquista varios lugares; y ya grande aparece en la región del Estado de Hidalgo, viniendo de la Huasteca, pues según los *Anales de Cuauhtitlan,* en "2 Tochtli... llegó Quetzalcoatl a Tollantzinco, donde duró cuatro años y fabricó su tienda o casa de tablas verdes, que era su casa de ayunos. Ahí pasó de Cuextlan: por cierto lugar vadeó el río y asentó un puente de calicanto, que existe hasta hoy, según dicen". Y en "5 calli... fueron los toltecas a traer a Quetzalcohuatl para constituirle rey en Tollan. También fue su sacerdote".

Históricamente Ce Ácatl Topiltzin gobernó a los toltecas o artífices de Tula, Hidalgo; fue un hombre religioso que inició el linaje de ese grupo y la construcción del centro religioso; que siguió el ejemplo del dios y se distinguió por sus obras benéficas en favor de su pueblo; pero al ir cambiando la sociedad teocrática tolteca a una sociedad militarista, surgieron desavenencias en Tula contra ese gobernante, lo que le acarreó la muerte, aunque no se dice cómo ocurrió ésta, salvo en forma poética y mítica como había ocurrido con su nacimiento.

Por ello, los *Anales de Cuauhtitlan* afirman:

Cuando vivía, no se mostraba públicamente: estaba dentro de un aposento muy obscuro y custodiado... su aposento era el último... edificó sus cuatro casas de ayuno. Se refiere que, cuando vivía Quetzalcoatl, reiteradamente quisieron engañarle los demonios, para que hiciera sacrificios humanos, matando hombres. Pero él nunca quiso ni condescendió, porque amaba mucho a sus vasallos, que eran los toltecas...

...se concertaron los demonios. Los que se nombraban Tezcatlipoca, Ihuimecatl y Toltecatl dijeron: Es preciso que deje su pueblo, donde nosotros hemos de vivir. Y añadieron: Hagamos pulque; se lo daremos a beber, para hacerle perder el tino y que ya no haga penitencia.

Fueron luego a Tollan, a la casa de Quetzalcoatl, llevando todo, sus quelites, sus chiles... y el pulque... Ellos le dijeron: Pruébalo con tu dedo meñique, porque está enojado, es vino fuerte... Quetzalcoatl lo probó con su dedo; le gustó... Estando ya alegre Quetzalcoatl dijo: "Id a traer a mi hermana mayor Quetzalpétlatl; que ambos nos embriaguemos..." Despues que se embriagaron... Cuando amaneció, mucho se entristecieron...

...Quetzalcoatl les dijo: voy a dejar el pueblo, me voy... Luego se fueron a Tlillan Tlapallan, el quemadero... Se dice que en este año 1 Acatl, habiendo llegado a la orilla celeste del agua divina, se paró, lloró, cogió sus arreos, aderezó su insignia de plumas y su máscara verde... Luego que se atavió, el mismo se prendió fuego y se quemó: por eso se llama el quemadero ahí donde fue Quetzalcoatl a quemarse...

Al acabarse sus cenizas, al momento vieron encumbrarse el corazón de Quetzalcoatl. Según sabían, fué al cielo y entró en el cielo. Decían los viejos que se convirtió en la estrella que al alba sale; así como dicen que apareció, cuando murió Quetzalcoatl, a quien por eso nombraban el Señor del Alba (Tlahuizcalpanteuctli). Decían que, cuando el murió, solo cuatro días no apareció, porque entonces fue a morar entre los muertos (Mictlán); y que tambien en cuatro días se proveyó de flechas; por lo cual a los ocho días apareció la gran estrella (el lucero) que llamaban Quetzalcoatl. Y añadían que entonces se entronizó como Señor.

Ya lo hemos dicho antes, este sacerdote y gobernante llamado Ce Ácatl Topiltzin, por haber sido el que inició el linaje de los toltecas y representant del dios, al morir fue elevado a la categoría de héroe civilizador y divinizado a la manera del dios Quetzalcóatl; y así se explica que haya ido a el quemadero, a la orilla del agua celeste, a Tlillan Tlapallan o región del negro y del rojo, de la luz y la oscuridad (de oriente-luz-día a poniente-oscuridad-noche); y que después de ocho días (lo que tarda Venus en su paso de estrella vespertina a matutina) saliera como lucero del alba y fuera adorado como señor.

Pero en Tula, Hidalgo, hubo cuando menos otro sacerdote llamado Quetzalcóatl, que llevó a una confusión todavía mayor; así, pues, en dichos *Anales de Cuauhtitlan* se dice: "1 Acatl. En este año murió Quetzalcoatl. Se dice que no mas se fue a Tlillan Tlapallan para morir ahí. En seguida se entronizó y reinó en Tollan el llamado Matlacxochitl... 10 Tochtli. En (este) año murió Matlacxochitzin, rey de Tollan; luego le sucedió y se entronizó Nauhyotzin, que reinó en Tollan... 12 Calli. Tambien entonces murió Nauhyotzin, rey de Tollan; luego le substituyó y se entronizó Matlaccoatzin... 1 Calli. En este año murió el que era rey de Tollan... y se entronizó Tlicohuatzin... 9 Tochtli murió Tlilcoatzin, rey de Tolan. Luego se entronizó Huémac... Cuando esto sucedió fue a traer de Xicócoc a un tlenamácac (sacerdote) de nombre Quauhtli. El cual se sentó luego en la estera y silla de Quetzalcóhuatl (a regir y gobernar): por tanto, vino a ser imagen y semejanza de Quetzalcohuatl y guardián de los dioses (sacerdote) en Tollan. Le substituyó Huémac, que era ministro de Quetzalcoatl, del que fueron entonces a burlarse las diablesas y él tuvo parte con ellas..."

Como se ve, por los finales de Tula, Hidalgo, hubo otro Quetzalcóatl o sacerdote de la deidad; también Huémac era ministro del dios. Y por entonces "comenzó la gran mortandad de hombres, en sacrificio. En este siete-conejo (7 Tochtli) hubo muy grande hambre... Allí por primera vez comenzó la gran matanza que estuvo habiendo de hombres en sacrificio... Porque se refiere que primero, durante su poder y en su tiempo, Quetzalcoatl, que fue el que se nombra Ce Acatl, nunca jamás quiso los sacrificios humanos... (y) 1 Tecpatl. En este año se desbarataron los toltecas; aconteció en tiempo de Huémac, cuando reinaba..."

La práctica de los sacrificios humanos durante el reinado de ese otro Quetzalcóatl y de Huémac, que era también ministro o sacerdote del dios, indica que la sociedad de Tula estaba más orientada al militarismo y a la guerra, por lo cual la religión y culto a Quetzalcóatl ha de haber comenzado a cambiar también. En este sentido creo que aquí entra la correlación de la arquitectura de Chichén Itzá con Tula, pero resultante de la llegada de artesanos o toltecas de Yucatán al Altiplano Central de México, los cuales traerían el estilo escultórico y pictórico que iba unido a la arquitectura, con sacrificios humanos, guerra y otros rasgos militaristas.

Hay que recordar cómo Landa dice de Kukulkán que "despues de su vuelta fue tenido en México por uno de sus dioses, y llamado Cezalcouati; y que en Yucatán tambien lo tuvieron por dios..."; que según los *Anales de Cuauhtitlan:* "Cuando vivía Quetzalcoatl empezó su templo; le puso columnas de forma de culebra, pero no lo acabó de engrandecer"; y que Sahagún dice que allí en Tula "dejaron una obra que está allí y hoy en día se vé, aunque no la acabaron, que llaman coatlaquetzalli, que son unos pilares de la hechura de culebra, que tienen la cabeza en el suelo, por pie, y la cola y los cascabeles de ella tienen arriba. . ."; o sea que varias ideas desarrolladas en Chichén Itzá, en torno a Kukulkán o Quetzalcóatl, regresarían al Altiplano Central por los fines de Tula, Hidalgo, como se advierte también en Cacaxtla y Colorines o Ixtapantongo, Valle de Bravo. (*Fig. 51.*)

Y desde luego, esto se relacionaría también con la llegada a Tula de los tolteca-chichimecas y nonoualca-chichimecas cuando gobernaba Huémac; con las desavenencias entre éstos y el gobernante, por lo cual se van a Cholula; con la pluralidad de dioses que se observan en Tula (Ometecuhtli, Omecíhuatl, Tezcatlipoca, Tláloc, Centeocíhuatl, etcétera) además de Quetzalcóatl; todo lo cual indica el cambio de sociedad y religión por esos tiempos, así como las posteriores elaboraciones históricas y míticas que entraron en la explicación de una realidad alejada en el tiempo.

En resumen, de todo lo expuesto hasta aquí, podemos concluir diciendo que la introducción del culto y religión de Quetzalcóatl a otros lugares o regiones dio origen a cambios en las culturas existentes; que con ello se comienza a manifestar un cierto espíritu guerrero y la inmigración de gentes; que los grupos que adoptan a Quetzalcóatl van traduciendo su nombre a sus lenguas nativas, van tomando algunos aspectos de su simbolismo y le van agregando otros, lo van idealizando cada vez más, se le convierte en benefactor y se le reviste de sabiduría, se va convirtiendo en un ejemplo, en un arquetipo a que aspira el hombre; a la vez que los sacerdotes de su culto llevan los atributos de la deidad, reciben su mismo nombre y, éstos, poco a poco, van adquiriendo su mismo poder, llegando a confundirse con el dios.

En relación con los hombres caudillos o sacerdotes que propagaron su culto, hay que observar cómo en las obras artísticas de esos tiempos existe una verdadera unidad representativa que los identifica, sobre todo partiendo de Teotihuacan hacia la región maya. Así podemos mencionar el uso de camisas con mangas acolchadas de algodón, que dan la idea de rodajas sobrepuestas; yelmos o tocados de aves fantásticas (lechuza, quetzal, cotinga); nariguera de barra tipo huasteca; cinturones, faldellines o bragueros, amarres de sandalias y tiras cruzadas en las piernas cuyos extremos rematan en serpientes; máscaras; serpiente saliendo de la boca del individuo; etcétera: tal como se ve en pinturas teotihuacanas, en pinturas de Mul Chic, en estelas de Seibal y Uxmal, en relieves de Chichén Itzá; etcétera (*Fig. 52.*)

Los grupos o pueblos receptores van modificando el mito original, van creando héroes culturales deificados o personajes que llegan a confundirse con la deidad, especialmente por la tradición oral de los sabios o sacerdotes que pasan de generación a generación una información cada vez más lejana, enriquecida y deformada al mismo tiempo.

De este modo, los sacerdotes-caudillos que llevan el culto de Quetzalcóatl a otras regiones o lugares y que encabezan tribus o grupos de gentes en busca de linajes y sitios en donde asentarse, son llamados, igual que la deidad, con nombres traducidos a sus lenguas nativas, rodeándose poco a poco de los poderes del dios hasta confundirse con él, o sea que entran a un mundo pautado por el mito que revela lo que hizo el dios.

En otras palabras, el mito de Quetzalcóatl es un precedente y ejemplo para lo real, funciona como modelo y justificación de todas las acciones humanas, se vuelve historia ejemplar del grupo humano que lo conserva; es decir, se vuelve prueba del suceso registrado en el mito. Y ése fue el caso de un sacerdote o Quetzalcóatl llamado Ce Ácatl Topiltzin que fue elevado al rango de héroe cultural divinizado o semidiós, que nació de una pareja divina, con o sin contacto sexual entre los padres, que tuvo que pasar por una serie de pruebas y sufrimientos, que venció obstáculos y se sometió a sacrificios y penitencias antes de alcanzar su fin, para lo que se rodeó de un ropaje mítico que hace difícil seguir su verdadera historia, y al final lo vemos como una figura legendaria.

Otro tanto podría decirse de Kukulkán, que según Landa "dicen que fue bien dispuesto y que no tenía mujer ni hijos...", el cual estuvo en Chichén Itzá y fundó Mayapán; o de Tutul Xiu, que conquistó Uxmal e introdujo el culto del dios; o de Gucumatz, que según el *Popol Vuh*: "verdaderamente era un rey prodigioso. Siete días subía al cielo y siete días caminaba para descender a Xibalbay (mundo de los muertos); siete días se convertía en culebra y verdaderamente se volvía serpiente; siete días se convertía en águila; siete días se convertía en tigre... y este fué el principio de la grandeza del Quiché, cuando el rey Gucumatz dio muestras de su poder."

De esta manera, la deidad Quetzalcóatl fue el arquetipo mítico que dio lugar a una serie de personajes reales, sacerdotes-caudillos, elevados a héroes culturales o semidioses, a figuras mitológicas de las cuales se hicieron descender varios grupos o linajes (toltecas, xiues, itzaes, quichés, teotenancas, etcétera), con nombres de la deidad pero traducidos a sus lenguas nativas (Ce Ácatl Topiltzin Quetzalcóatl, Kukulkán, Gucumatz, Tohil, Cuchulchán, Votán, Nácxitl, Míscit Ahau, etcétera) ; gobernantes-sacerdotes que fundaron ciudades, crearon pueblos y siguieron el ejemplo de la deidad; es decir, que hicieron lo.que el dios había hecho en sus comienzos; todo ello dentro de un contexto histórico que se explica por el pasado mítico, pero que muestra ya el sentido que tenía la historia en la mentalidad de los grupos o pueblos del Horizonte Posclásico Temprano. (900-1250 d. c.) .

En este sentido, el *Popol Vuh*, el *Memorial de Sololá*, el *Título de los Señores de Totonicapán*, la Leyenda de los Soles, en los *Anales de Cuauhtitlan*, los *Chilam Balames* de Maní y Chumayel, el *Códice Florentino*, Sahagún, etcétera, son fuentes primarias para el conocimiento de la historia antigua de Mesoamérica, expuestas en un estilo literario propio, pero en las que se mezcla lo verdadero con lo falso, lo real con lo imaginario, lo racional con lo pasional, lo general con lo ocasional, lo histórico con lo mitológico. Por ello deben ser analizadas críticamente, a efecto de encontrar lo que es comprensible o real y lo que es aprehensible o emocional, lo verdadero y lo imaginario, ya que en el lenguaje —poético o particular de cada una de ellas— las palabras son como símbolos y las frases como signos que se combinan para expresar una realidad no carente de historicidad.

Así, por ejemplo, la palabra Tollan o Tula es sinónimo de lugar densamente poblado, de ciudad; la palabra tolteca es sinónimo de hombre artífice, artesano especializado y sabio; la palabra Oriente es sinónimo de región en donde nace el sol, hacia el otro lado del mar; Suyuá equivale al Poniente; Tlillan es el lugar del rojo, de la luz, y Tlapallan es el lugar del negro, de la oscuridad; es decir, que Tlillan Tlapallan es la región comprendida entre el rojo y el negro, entre la luz y la oscuridad, la bóveda celeste que va del Oriente al Poniente; o también que Oxomoco y Cipactónal eran los dioses muy viejos —hombre y mujer— que atendían el calendario, pero sinónimos de hombre viejo y mujer vieja, no necesariamente esos dioses.

Por otra parte, primero se crea el mundo y todo lo que existe, y después al hombre; ello se debe a los dioses creadores o formadores, a los progenitores; por lo general los dioses se sacrifican en bien del hombre; los primeros pobladores vienen del Oriente en barcas o canoas; emigran en busca de sus casas u hogares donde asentarse; salen de las tinieblas, de la oscuridad, es decir, ven la luz o les amanece sólo cuando reciben a su dios y cambian su vida errante; se refieren a ellos como teochichimecas o auténticos vagabundos; y también los hombres y las tribus se ligan entre sí por sus orígenes y migraciones, pues salen de 7 cuevas, de 7 barrancas, de 9 montañas, de 9 llanos, o sea, de un punto mítico de donde debían salir todas las migraciones; o por tener al dios Quetzalcóatl (Gucumatz, Nácxitl, Tohil, Kukulkán, etcétera) como protector, igualmente que a sacerdotes con el mismo nombre; a la vez que siempre recalcan o salen de una Tula o ciudad, y hay héroes culturales que por imitar al dios son luego divinizados.

VI. EL MOMENTO DE LOS SEÑORÍOS Y CIUDADES IMPERIALISTAS

Una vez surgido el dios, el mito y los hombres; es decir, los héroes culturales divinizados, comienzan a proliferar las figuras mitológicas, los semidioses y nuevas deidades, algunas de ellas derivadas del arquetipo y otras dictadas por el sacerdocio que elabora una religión más a tono con la expansión militarista, con la guerra que se vuelve el factor de conquista y de poder de los nuevos pueblos, como los mexicas, tarascos, mixtecas, matlatzincas, etcétera; y con ello el dios Quetzalcóatl va quedando como el viejo creador del Quinto Sol y de la humanidad, a la cual pertenecen esos pueblos también, rodeado de nuevos conceptos religiosos que indican un cambio en la mentalidad por esos tiempos.

De este modo, los mexicas ordenaron su universo, para lo cual se basaron en el Sol, en Tonatiuh o Huitzilopochtli, pues éste hacía posible la vida en todas sus manifestaciones; su presencia era el tiempo que se sucedía a través del día, los meses y el año; su universo era la atmósfera cósmica y divina, concebida con cielos arriba e inframundos abajo y en el medio la Tierra, lo mismo que con sectores o rumbos, con puntos cardinales y direcciones, cada uno de ellos con un color particular y con dioses que tenían muchas veces una duplicidad de funciones, pero con nombres distintos; y así en el treceavo Cielo habitaban Ometecuhtli y Omecíhuatl (señor y señora de la dualidad), conocidos también como Tonacatecuhtli y Tonacacíhuatl (señor y señora de los mantenimientos, del alimento), mismos que eran los dioses creadores, la pareja divina que dio nacimiento a los demás dioses.

Según la *Historia de los mexicanos por sus pinturas,* la pareja divina, Tonacatecuhtli y Tonacacíhuatl tuvieron cuatro hijos: el Tezcatlipoca rojo (o Camaxtli, el Oriente), el Tezcatlipoca negro (o Moyocoya, el todopoderoso, el Norte), Quetzalcóatl (noche y viento, blanco, el Poniente) y Huitzilopochtli (señor del hueso, la culebra con dos cabezas, azul, el Sur).

Por 600 años estos dioses no hicieron nada. Luego se juntaron los cuatro y convinieron en que Quetzalcóatl y Huitzilopochtli ordenaran las cosas: hicieron el fuego y un medio sol (que no alumbraba mucho: Venus); luego hicieron a un hombre y a una mujer (Oxomoco y Cipactónal). Luego hicieron los días y meses (un mes de 20 días) y el calendario de 360 días. Hicieron luego al señor del inframundo y a su señora (dioses del infierno). Luego crearon los cielos (13) e hicieron el agua y en ella criaron a un pez que llamaban cipactli (caimán) y de este pez hicieron la Tierra. Crearon a Tláloc y a Chalchiuhtlicue, su mujer, como dioses de las aguas. Al pez-tierra o cipactli lo llamaron Tlaltecuhtli.

Dicha fuente histórica también narra acerca de las cuatro edades o soles que antecedieron al Quinto Sol, primero cuando Tezcatlipoca es vencido por Quetzalcóatl; segundo cuando Quetzalcóatl es vencido por Tezcatlipoca; tercero cuando Tláloc se vuelve sol y Quetzalcóatl lo vence para poner en su lugar a Chalchiuhtlicue, y cuarto, cuando Chalchiuhtlicue deja de ser sol; de modo que en 1 Tochtli cayó el Cielo sobre la Tierra y entonces los cuatro dioses nacidos de la pareja divina criaron a cuatro hombres (Tzontémoc, Itzcóatl, Itzmalin y Tenexxóchitl). Después Tezcatlipoca y Quetzalcóatl se hicieron árboles grandes (árbol de espejo y árbol que llaman gran flor de quetzal). Con la ayuda de los hombres y los árboles, así como de los demás dioses, alzaron el Cielo con las estrellas, como ahora está. Y por haberlo creado así, el "señor de nuestra carne" hizo a Tezcatlipoca y a Quetzalcóatl señores del Cielo y de las estrellas.

Aunque algunos de estos conceptos fueron heredados por los mexicas, se ve claro que en el ordenamiento de su universo ya no es Quetzalcóatl el creador del Quinto Sol y de la nueva humanidad, el inventor del calendario, etcétera, sino que ello es ahora compartido con Huitzilopochtli o Tezcatlipoca; pero sigue siendo un dios creador por excelencia. Así, sus padres son la pareja divina que reside en el treceavo Cielo, en el Omeyocan o lugar de la dualidad, convertido míticamente en Tamoanchán o lugar de donde descendían.

Como dios creador, Quetzalcóatl conserva buena parte de los conceptos antiguos que poseía, especialmente el simbolismo en sus representaciones; y de esta manera, en los códices *Borgia, Magliabechi, Borbónico,* etcétera, aparece con barba larga, gorro cónico, ojos estelares o de la noche, grecas escalonadas, orejeras torcidas a manera de gancho, collar con pectoral de caracol cortado (joyel del viento), punzones de hueso para el autosacrificio, flores, plumas y otros símbolos. (*Fig. 53,* A.)

Pero, al mismo tiempo, Quetzalcóatl adquiere una nueva advocación, por ser hijo de la Tierra y el Cielo, por representar el espacio entre ambas regiones; es decir, el aire. Por ello Sahagún nos relata que "este Quetzalcóatl, aunque fue hombre, teníanlo por dios y decían que barría el camino a los dioses del agua, y ésto adivinaban, porque antes que comienzan las aguas hay grandes vientos y polvos, y por esto decían que Quetzalcoatl, dios de los vientos, barría los caminos de los dioses de las lluvias para que viniesen a llover".

De hecho, este Ehécatl Quetzalcóatl o Señor del Viento se asocia al hombre, al sacerdote-caudillo o semidiós, al gobernante de Tula divinizado. Sahagún dice: "éstos, los ancianos, adoraban un ídolo Quetzalcoatl, que era rey de Tula. Y lo llamaban Topiltzin. Era hombre. Era mortal, porque se murió; porque se echó a perder su cuerpo. No era dios, y aunque era un hombre santo, que practicaba penitencias, no había de ser adorado como un dios." En tanto que Torquemada cuenta que "en tiempos pasados había un hombre en la tierra de Tula, que se llamaba Quetzalcohuatl... un gran mago y nigromántico a quien después adoraban como el dios..."

Ahora bien, al dios Ehécatl Quetzalcóatl se le representaba en esculturas y pinturas con una máscara bucal en forma de pico de pájaro, como de pato, a la vez que se le asociaba a los templos de planta circular. Durán afirma: "este ídolo Quetzalcoatl estaba en un templo muy alto, muy autorizado en todos los lugares de la tierra, especialmente en Cholula... estaba este ídolo en una ancha y larga pieza, puesto sobre un altar, aderezado todo lo posible... era este ídolo de palo, y tenía... todo el cuerpo de hombre y la cara de pájaro, con un pico colorado... unas ringleras de dientes y la lengua de fuera, y desde el pico hasta la media cara, tan amarilla y luego una cinta negra que le venía junto al ojo, ciñendo por debajo del pico." (*Fig. 53*, b, c.)

Al respecto, Clavijero escribió que Quetzalcóatl "era entre los mexicanos y demás naciones del Anahuac el dios del aire. Decían de él que había sido sumo sacerdote de Tollan; que era blanco, alto y corpulento, de frente ancha, ojos grandes, de cabello negro y largo, y de barba cerrada... Se fue a Tlapallan... llegado a Chololan le detuvieron los de aquella ciudad y le encomendaron el gobierno de ella. Despues de haber estado 20 años en aquella ciudad, resolvió continuar su viaje al imaginario reino de Tlapallan, llevando consigo cuatro jóvenes principales y virtuosos... (en) Coatzacoalco los despidió encargándoles que dijeran a los Chololtecas que tuviesen por cierto que volvería algún día a consolarlos y gobernarlos... (y) Quetzalcoatl fue consagrado dios por los Chololtecas y constituido principal protector de su ciudad. Erigiéndole en el monte artificial que aún subsiste, un magnífico templo, y otro monte y templo se le erigió despues en Tollan. Extendiose su culto por todas aquellas naciones, que lo veneraban como a dios del aire. Tenía templos en México y en otros muchos lugares... Decían que barría el camino al dios del agua; porque frecuentemente precede el viento a la lluvia..."

En relación con que primero levantaron un templo en Cholula y luego otro en Tula, así como que el templo de Tula se parece al de Chichén Itzá y no lo acabaron, es bueno citar lo que dice Mendieta, pues según dicho cronista "a este Quetzalcoatl tuvieron los indios de esta Nueva España por uno de los principales de sus dioses, y llamáronle Dios del Aire, y por todas partes le edificaron templos y levantaron su estatua y pintaron su figura... (que) este dios e ídolo de Cholula, llamado Quetzalcoatl, fue el más celebrado y tenido por mejor, y mas digno sobre los otros dioses... (y) éste, según sus historiadores (aunque algunos digan que de Tula) vino de las partes de Yucatán a la Ciudad de Cholula... estuvo veinte años en Cholula, y estos pasados, se volvió por el camino por do había venido".

Como se ve, por los tiempos cercanos a la conquista española, el culto a Ehécatl Quetzalcóatl es el más extendido; y así en el *Códice Nuttall* vemos que en el mes Etzalcualiztli se honraba a Quetzalcóatl, que quiere decir: culebra de pluma rica; era éste dios del aire y decían ser amigo o pariente de otro que se llamaba Tláloc, y hermano de otro que se llamaba Xólotl, el cual ponen en los juegos de pelota, pintado o de bulto. Ahora bien, en el *Códice Borbónico,* la fiesta que se celebraba en honor de los dioses de la lluvia, está representada por la imagen de Quetzalcóatl como dios del Viento o Ehécatl, con su pico de pájaro, y por su gemelo Xólotl.

Pero aunque Ehécatl conserva algo del viejo Quetzalcóatl, es indudable que tenía un rango menor que el dios creador. Durán, por ejemplo, nos dice que este dios, además de barrer los caminos para que viniesen las lluvias, "a este ídolo lo tenían por abogado de las bubas y del mal de ojo, y del romadizo y tos...", o sea que era también maléfico.

De todo lo anterior podemos concluir que el dios Quetzalcóatl conservó varios de los atributos y funciones que tenía en el periodo anterior, pues continuó siendo la gran estrella o Huey Citlalin; era Tlahuizcalpantecuhtli o Señor del Alba y Xólotl, su gemelo precioso; se ligaba al Oriente o región de la luz y también al Poniente o región del descenso, de la muerte u oscuridad; formó parte de los mitos y orígenes cósmicos, pues intervino en la creación de algunos de los soles o edades anteriores al Quinto Sol; creó el último sol y la nueva humanidad, a la que dio el maíz como alimento; inventó el calendario y las artes; se le revistió de sabiduría; intervino en la creación de los linajes de varios pueblos, a través de sus sacerdotes-caudillos; y como arquetipo mítico sirvió de ejemplo a los sacerdotes que llevaban su nombre, motivo por el que fueron divinizados.

Pero al cambiar la sociedad y hacerse más guerrera e imperialista, basando su poder en el militarismo y las conquistas, cambió también la religión y las ideas, pasando el dios al plano de la leyenda, y sus sacerdotes divinizados al plano del dios pero bajo una nueva forma. De este modo Quetzalcóatl se volvió hijo del Cielo y de la Tierra, de la pareja primordial, de Tonacatecuhtli y de Tonacacíhuatl; se le ubicó en el treceavo Cielo, en el mítico Tamoanchán, el lugar de los dioses viejos y de las generaciones pasadas; se le relacionó con Xiuhtecuhtli, señor del fuego y del año, advocación del mismo sol; tenía que ver con Xochipilli o señor de las flores y la primavera; junto con Huitzilopochtli ordenó el mundo y las cosas; a la vez que confundido con los semidioses, con las figuras mitológicas de sus sacerdotes antiguos, especialmente con Topiltzin, se transformó en Ehécatl o dios del viento, cuya figura fue la más adorada en tiempos cercanos a la conquista española. (*Fig. 54.*)

PALABRAS FINALES

En el curso de este ensayo —que no pretende agotar todo lo que podría decirse de Quetzalcóatl— hemos tratado de mostrar cómo de una serpiente acuática o espíritu de las aguas terrestres se pasó al concepto mágico de un dragón ofidiano-jaguar; cómo este dragón dio lugar a pájaros-serpientes o dragones alados que se ubicaron en el Cielo; cómo, a su vez, éstos se transformaron en la serpiente emplumada preciosa, en la nube de lluvia que se acompañaba de la serpiente de fuego; cómo estas serpientes o dragones celestes se convirtieron en los animales anunciadores del dios de la lluvia; y cómo también la serpiente emplumada, con caracoles cortados sobre el cuerpo, pasó a formar parte de Quetzalcóatl, el dios "hombre-pájaro-serpiente".

También hemos visto cómo el dios Quetzalcóatl era una deidad dual que explicaba el Ciclo Venusino y, por lo tanto, era el lucero del alba y la estrella vespertina; cómo intervino en· la creación del Quinto Sol y creó a la nueva humanidad; cómo se asociaron al dios todas las cosas buenas o benéficas para el hombre: la invención del calendario y la agricultura, las artes, los conocimientos intelectuales o las ciencias; cómo en torno al dios surgió una religión casi monoteísta que sintetizó las diversas funciones de varios dioses agrarios, y cómo los sacerdotes de su culto llevaban los atributos del dios y su nombre, al comenzar a propagar la religión hacia diversos lugares de Mesoamérica.

Y también tratamos de mostrar que la imagen del dios llevada a otras. partes podía ser en forma de serpiente emplumada realista, la efigie de la deidad saliendo de las fauces de una serpiente o como el Señor del Tiempo-Tláloc; que esta última forma fue común en la región maya y se asocia a los itzaes, xiues, etcétera; que los caudillos-sacerdotes tradujeron el nombre del dios a sus lenguas nativas; que el dios fue el arquetipo mítico que les sirvió de ejemplo, por lo cual a sus muertes fueron elevados a la categoría de héroes culturales o civilizadores y divinizados. A la vez, esas figuras míticas se van confundiendo con la deidad, sirven para explicar una realidad histórica o hechos reales, tal como se aprecia en las fuentes primarias más importantes.

Desde luego, esas fuentes históricas son tardías, se ubican en los últimos tiempos de las sociedades y culturas prehispánicas, pero están basadas en la trasmisión oral de las antiguas tradiciones, enriquecidas y deformadas al mismo tiempo, por lo que resultan muchas veces confusas: en el caso presente hemos tratado de ir correlacionándolas temporalmente. Para esto hemos seguido el hilo de los acontecimientos, gracias a lo cual vemos la formación de varios pueblos o linajes bajo la protección del dios, cuyos sacerdotes-caudillos llevaron su mismo nombre.

Y por último, hemos tratado de mostrar que hacia los tiempos cercanos a la conquista española ya el dios Quetzalcóatl era solamente una deidad creadora, la cual compartía su poder con la pareja divina del treceavo Cielo y con su hermano, aunque conservaba algo de su antiguo señorío; en tanto que una advocación de él —muy relacionada con el sacerdote Topiltzin divinizado— había tomado una mayor importancia y era conocido como Ehécatl-Quetzalcóatl, o dios del viento.

Ahora bien, como en los tiempos cercanos a la conquista española los sabios sacerdotes ya no recordaban exactamente lo que había acontecido, fueron haciendo confusas sus narraciones, entreverando el mito con los hechos reales y con lo legendario. De este modo sus versiones fueron las que pasaron a los primeros cronistas y misioneros, quienes se encargaron, a su vez, de hacer más confusas las cosas para los historiadores y estudiosos que les siguieron.

He aquí algunos ejemplos:

SAHAGÚN. "Quetzalcoatl fue estimado y tenido por dios, y lo adoraban de tiempo antiguo en Tollan, y tenía un cú muy alto con muchas gradas y muy angostas que no cabía un pie; y estaba siempre echada su estera y cubierta de mantas, y la cara que tenía era muy fea, y la cabeza era larga y barbuda..."

MÁRTIR DE ANGLERÍA. "Vieron (los españoles) que (los de Yucatán) tenían cruces, y al preguntarles por su origen mediante las lenguas, contestaron algunos que al pasar por aquellos parajes un cierto varón. hermosísimo, les había dejado dicha reliquia como recuerdo. Otros dijeron que en ella había muerto un hombre más resplandeciente que el sol. De cierto nada se sabe."

PADRE DE LOS RÍOS. "Si los indios creen que un dios celeste —Citlallatónac— mandó un embajador para notificar a una virgen —Chimalma— la concepción de un hijo —Quetzalcóatl— sin contacto con varón, y si esta historia está acompañada de noticias falsas y absurdas, prueba es de que el Demonio se adelantó a la llegada de los evangelizadores españoles para atribuirse la gloria de ser él el dios del cielo que envió el mensaje."

GÓMARA. "Fue Quetzalcoatl hombre virgen, penitente, honesto, templado, religioso y santo, predicó la ley natural y la apoyó con el ejemplo. Los indios lo creen dios, y que desapareció a la orilla del mar, ignorando o encubriendo la verdad de su muerte y considerándolo númen del Viento."

PADRE LAS CASAS. "Era hombre blanco, alto... y barba grande y redonda; predicó el regreso de su gente y los indios tomaron a los españoles por descendientes celestiales del viajero..."

DURÁN. "Aquel hombre venerable, al que llaman Topiltzin, Hueimac o Papa, fue según las tradiciones indígenas un casto y penitente sacerdote, del que se recuerdan episodios al parecer milagrosos... podemos probablemente tener que este santo varón fue algún apóstol que Dios aportó a esta tierra..."

TORQUEMADA. "Fue Quetzalcoatl hombre blanco, rubio y barbado, encantador y nigromántico que por sus embustes fue tenido por dios, fue ofendido en Tollan por Huémac y Tezcatlipoca, que le cometieron adulterio, y el gobernante indignado pasó a Cholollan a vivir entre los suyos. Desde ahí inició una campaña de expansión hacia lejanas tierras, hasta que Huémac lo persiguió y lo hizo huir hacia la zona maya."

IXTLILXÓCHITL afirma que Quetzalcóatl-Huémac fue caudillo de los toltecas, hombre justo y santo que predicó el bien y adoró la cruz; para Ramírez, Vetancurt, Boturini, Veytia, etcétera, Quetzalcóatl no era otro que el apóstol Santo Tomás; para Brinton fue un héroe nacional, civilizador mítico y maestro del grupo social, que al mismo tiempo era identificado con la deidad suprema y con el creador del mundo; hombre blanco, barbado, de abundante cabellera. La lucha entre Quetzalcóatl y Tezcatlipoca es la sucesión del día y de la noche, de la luz y la oscuridad... y su cabellera y barba casi roja son rasgos de los dioses del alba, rayos de luz que surgen de su cuerpo.

Como vemos, a través de las fuentes históricas y estudios sobre Quetzalcóatl se advierten citas que se remontan al tiempo de la creación del dios; otras que se refieren al momento de su transformación en personaje divinizado; algunas más que indican su conversión a dios del viento y otras que van mezclando los conceptos con ideas cristianas, para dar la situación confusa a que nos referíamos; hasta el grado de que Hanson nos dice que "Nuestro Señor Jesucristo apareció poco después de la Resurrección... entre los antepasados de los indios americanos", como Quetzalcóatl.

Pero Quetzalcóatl, como hemos tratado de aclarar, fue originalmente una deidad venusina y por lo tanto dual, a la cual se le adjudicó todo lo bueno y sabio: la creación del Quinto Sol y de los nuevos hombres, el descubrimiento del maíz y la agricultura, la invención del calendario, la medición del tiempo anual, la producción de lluvia y vegetación, el descubrimiento de las piedras preciosas y los metales, etcétera; fue el arquetipo que dio origen a una serie de sacerdotes y caudillos que al seguir su ejemplo fueron elevados a semidioses o personajes míticos; fue creador y dador de la vida, lo mismo que dios del viento; aspectos que, elaborados por los sacerdotes, fueron perdiendo temporalmente su simbolismo y significación para volverse explicación de los hechos reales y positivos; es decir, historia envuelta en el mito y la leyenda, la que a su vez fue reelaborada por cronistas e historiadores, quienes contribuyeron a hacerla confusa.

Por ello, hace tiempo decía yo que Quetzalcóatl era un concepto resultante de un profundo sentido y simbolismo religioso, que se integró a través del tiempo con aportaciones de distintas culturas, y que por los fines del Clásico llegó a sintetizar muchas ideas en una verdadera filosofía, en una antigua religión casi monoteísta que se extendió temporalmente por toda Mesoamérica; y que Quetzalcóatl no nació de un personaje real, sino que el dios fue quien dio su nombre a varios sacerdotes-gobernantes que llegaron a confundirse con la deidad; o sea que en el proceso de transformación primero fue el dios, luego el mito y después el hombre; es decir, hombres envueltos en la leyenda, en el arquetipo mítico que habían creado para situarse en su Universo.

BIBLIOGRAFÍA

ALVA IXTLILXÓCHITL, FERNANDO DE
1952 *Obras históricas*, 2 vols. Editora Nacional, México.

ANALES DE CUAUHTITLAN
1945 *Códice Chimalpopoca y Leyenda de los Soles*. Instituto de Historia, UNAM, México.

BRINTON, DANIEL G.
1882 *American Hero-Myths: A Study in the Native Religions of the Western Continent*. Nueva York.

CLAVIJERO, FCO. JAVIER
1964 *Historia antigua de México*. Editorial Porrúa, México.

CÓDICE MATRITENSE
1907 *Textos en náhuatl de los informantes indígenas de Sahagún*. Edición facsimilar de Francisco del Paso y Troncoso, Madrid.

CÓDICE RAMÍREZ
1886 "Historia de los mexicanos por sus pinturas". *Anales del Museo Nacional*, 1ra. época, T. III, México.

CÓDICE VATICANO RÍOS
1964-1967. Incluido en *Antigüedades de México,* por Lord Kingsborough, 4 vols. Secretaría de Hacienda y Crédito Público, México.

CHIMALPAHIN, DOMINGO
1949 *Memorial breve acerca de la fundación de la ciudad de Culhuacan...* Ernst Mengin, editor.

DURÁN, FRAY DIEGO
1951 *Historia de las Indias de Nueva España e Islas de Tierra Firme,* 2 vols. Editora Nacional, México.

EL LIBRO DE CHILAM BALAM DE CHUMAYEL
1930. Traducción de Antonio Médiz-Bolio. San José de Costa Rica.

EL LIBRO DE LOS LIBROS DE CHILAM BALAM
1963 Traducción y Notas de Alfredo Barrera Vázquez y Silvia Rendón. Colección Popular, Fondo de Cultura Económica, México.

HANSON, PAUL M.
1949 *Jesus Christ among the Ancient Americans*. Independence, Mo.

LANDA, FRAY DIEGO DE
1959 *Relación de las cosas de Yucatán*. Editorial Porrúa, México.

LAS CASAS, FRAY BARTOLOMÉ DE
1967 *Apologética historia sumaria...* 2 vols. Instituto de Investigaciones Históricas, UNAM, México.

LÓPEZ DE GÓMARA, FRANCISCO
1954 *Historia general de las Indias,* 2 vols. Editorial Iberia, Barcelona.

MÁRTIR DE ANGLERÍA
1964 *Décadas del Nuevo Mundo,* 2 vols. Editorial Porrúa, México.

MENDIETA, FRAY GERÓNIMO
1945 *Historia eclesiástica indiana,* 4 vols. Editorial Salvador Chávez Hayhoe, México.

71

POPOL VUH
1964 *Las antiguas historias del Quiché.* Colección Popular, Fondo de Cultura Económica, México.

SAHAGÚN, FRAY BERNARDINO DE
1956 *Historia general de las cosas de Nueva España,* 4 vols. Editorial Porrúa, México.

TÍTULO DE LOS SEÑORES DE TOTONICAPÁN
1950 *Memorial de Sololá y Anales de los cakchiqueles.* Fondo de Cultura Económica, México.

TORQUEMADA, FRAY JUAN DE
1943-1944 *Los Veinte i un Libros Rituales i Monarchia Indiana...* 3 vols. Editorial Salvador Chávez Hayhoe, México.

ÍNDICE

Este libro se terminó de imprimir el día
6 de septiembre de 1985 en los talleres
de Offset Marvi, Leiria núm. 72, 09440
México, D.F. Se tiraron 5 000 ejemplares.

FONDO DE CULTURA ECONÓMICA

Obras de antropología

León Portilla, Miguel. *Los antiguos mexicanos a través de sus crónicas y cantares.*

Lévi-Strauss, Claude. *Mitológicas.* i. *Lo crudo y lo cocido.*

Lévi-Strauss, Claude. *Mitológicas.* ii. *De la miel a las cenizas.*

Linton, Ralph. *Estudio del hombre.*

Lowie, Robert Harry. *Historia de la etnología.*

Morley, Sylvanus Griswold. *La civilización maya.*

Murdock, George Peter. *Nuestros contemporáneos primitivos.*

Pendlebury, John Devitt Stringfellow. *Arqueología de Creta.*

Piggott, Stuart. *Arqueología de la India prehistórica hasta el año 1000 a. c.*

Piña Chan, Román. *Historia, arqueología y arte prehispánico.*

Rodríguez Vallejo, José. *Ixcátl, el algodón mexicano.*

Shapiro, Harry Lionel. *Hombre, cultura y sociedad.*

Soustelle, Jacques. *La vida cotidiana de los aztecas en vísperas de la conquista.*

Spranz, Bodo. *Los dioses en los códices mexicanos del grupo Borgia.*

Vermeule, Emily Townsend. *Grecia en la edad de bronce.*